BAJONETTKAMPF TRAINING

Sergeant Leon Galvert, Französische Fremdenlegion

BAJONETTKAMPF TRAINING

Moderner Bajonettkampf für das 21. Jahrhundert

Michael-Kahnert-Verlag

Bibliografische Information der Deutschen Bibliothek
Die Deutsche Bibliothek verzeichnet diese Publikation in der Deutschen Nationalbibliografie; detaillierte bibliografische Daten sind im Internet über <http://dnb.ddb.de> abrufbar.

Übersetzung: Michael Kahnert

Printed in Germany

ISBN 3-933253-00-4

Michael-Kahnert-Verlag
Im Waldfrieden 2
D-21244 Buchholz

Telefon:	04181/219541
Fax:	04181/219542
E-Mail:	info@kahnertverlag.de
Internet:	www.kahnertverlag.de

Die Ratschläge in diesem Buch sind von Autor und Verlag sorgfältig erwogen und geprüft worden, dennoch kann eine Garantie nicht übernommen werden. Eine Haftung des Autors bzw. des Verlages und seiner Beauftragten für Personen-, Sach- und Vermögensschäden ist ausgeschlossen.

Für Verbesserungsvorschläge und Hinweise auf Fehler sind Autor und Verlag stets dankbar.

Herstellung: Books on Demand GmbH

Inhaltsverzeichnis

Über den Autor

Sergeant Leon Galvert

Sergeant Leon Galvert ist Nahkampfausbilder für den „Combat au Corps-à-Corps" in der französischen Fremdenlegion. Nach seiner Grundausbildung 1995 im südfranzösischen Castelnaudary in der 2. Kompanie beim 4éme RE (4. Fremdenregiment) wurde er versetzt zum 3éme REI (3. Fremdeninfanterieregiment) in Kourou, Französisch-Guayana, wo er die Dschungelkampfausbildung durchlief sowie einen Kommandolehrgang absolvierte. Zwei Jahre lang war er dort eingesetzt in den Grenzregionen zu Surinam und Brasilien, bei der Bekämpfung von Drogenschmugglern sowie bei der Bewachung des europäischen Raumfahrtzentrums der ESA in Kourou, wo die Fremdenlegion die Starts der europäischen Trägerrakete Ariane sichert.

Danach diente er für fünf Jahre in der Eliteeinheit der Fremdenlegion, dem 2éme REP (2. Fallschirmjägerregiment) in Calvi auf Korsika. Nach seinem Fallschirmspringer-Lehrgang und der Ausbildung zum Sport- und Nahkampfausbilder bei den Paras folgten zahlreiche Auslandseinsätze, darunter in Dschibuti, Gabun, Bosnien-Herzegowina, Elfenbeinküste sowie gemeinsame Manöver und Lehrgänge mit Einheiten anderer NATO-Staaten und in ehemaligen französischen Kolonien in Afrika, in denen er auch als Ausbilder tätig war. Nach Fertigstellung dieses Buches wurde er abkommandiert, um an einem Scharfschützenlehrgang teilzunehmen.

In seiner Freizeit, sofern sein Dienstplan dies zuläßt, betreibt er Savate, das französische Kickboxen, Bergsteigen und nimmt an Triathlons teil.

Die Bedeutung des Bajonettkampfes im 21. Jahrhundert

Die Bedeutung des Bajonettkampftrainings und des Einsatzes des Bajonetts im heutigen Zeitalter der modernen, elektronischen und hochentwickelten Militärtechnologien und Waffensysteme kann man nicht allein daran messen, wie häufig es tatsächlich eingesetzt wird oder wie hoch die von ihm verursachten gegnerischen Verluste sind. Es ist auch heutzutage nach wie vor noch immer ein unentbehrliches Hilfsmittel wegen dem großen Selbstvertrauen, daß ein gutes und realitätsnahes Training im Bajonettkampf (und im Nahkampf überhaupt) in dem einzelnen Soldaten erweckt. Die richtige Ausbildung erzeugt einen starken Kampf- und Siegeswillen im Soldaten, um damit an den Gegner heranzugehen und ihn zu vernichten. Sich an ihn heranzuarbeiten und ihn auszuschalten oder zumindest gefangenzunehmen ist auch heute noch, trotz aller Fortschritte in der Kriegsführung und der Technologie, die dem modernen Soldaten des 21. Jahrhunderts zur Verfügung steht, die Hauptaufgabe der Infanterie.

Leider scheint diese unliebsame Tatsache bei vielen Leuten und insbesondere auch bei denjenigen hochrangigen Militärs und Politikern mancher Länder, die die Verantwortung für das (Über-)Leben und die Gesundheit der in Krisenregionen dieser Welt in den Einsatz geschickten Frauen und Männer haben, vielfach in Vergessenheit geraten zu sein. Satelliten, Radar, Nachtsichtgeräte, Lenkwaffen und Laser dürfen nicht darüber hinwegtäuschen, daß es nach wie vor der einzelne Soldat ist, der eine gegnerische Stellung einzunehmen hat. Mit Stealth-Bombern und Cruise Missiles allein lassen sich z.B. die Höhlen, Stellungen, Häuser und Gebirgsverstecke der Taliban in Afghanistan oder, wie zuletzt gesehen, die Städte und Ortschaften im Irak wohl kaum durchkämmen und Gefangene machen, um wichtige nachrichtendienstliche Informationen zu sammeln, die für den weiteren Verlauf des Einsatzes oder den gesamten Kriegsverlauf von lebenswichtiger Bedeutung sein können. Dies sind die Aufgaben der im infanteristischen Kampf ausgebildeten Soldaten, und jederzeit ist hierbei damit zu rechnen, daß es zum Nahkampf auf engstem Raum mit einem zu allem entschlossenen Gegner kommen kann. Und die Hauptaufgabe des Bajonetts ist es, dem Soldaten zu ermöglichen, diesen Auftrag unter einer Vielzahl von Bedingungen und Einsatzlagen zu erfüllen. Sein Bajonett ist immer „geladen“ und ständig einsatzbereit. Er braucht nicht erst Artilleriefeuer oder Luftunterstützung anzufordern, sondern kann entsprechend handeln, wenn es erforderlich ist oder wenn andere Mittel nicht (mehr) rechtzeitig oder erfolgreich zum Einsatz gebracht werden können bzw. bereits versagt haben und er nun auf sich allein gestellt ist.

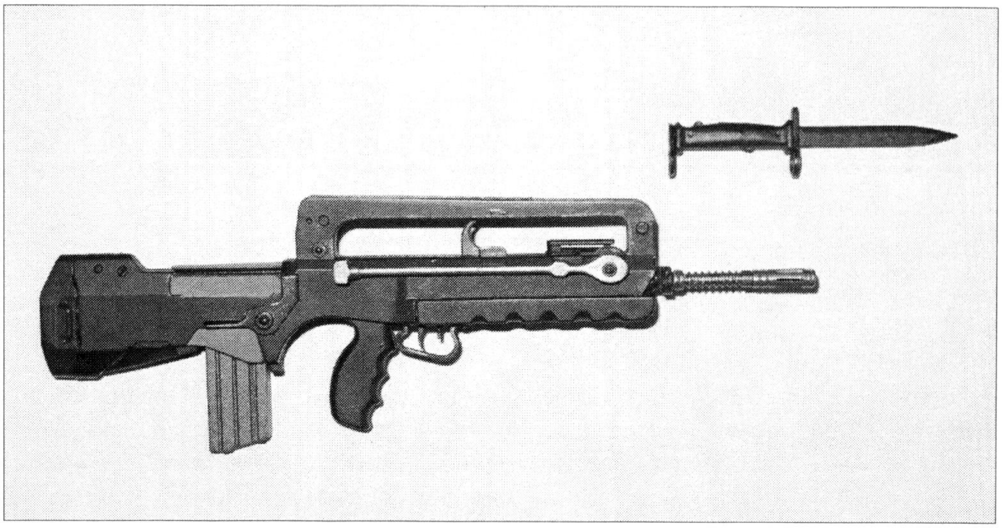

Französisches FAMAS-Sturmgewehr mit Bajonett

Die wichtigsten Kampfmittel, die dem Soldaten im Nahkampf, d.h. dem Kampf unter 30 m Entfernung bzw. beim Kampf Mann gegen Mann, zur Verfügung stehen, sind und bleiben natürlich seine Handfeuerwaffen und Handgranaten. In den meisten Situationen sind diese beiden Waffen beim Nahkampf entscheidend. Daher sollte auch in der Gefechtsausbildung das Hauptaugenmerk auf der Schießausbildung mit allen eingesetzten Handfeuerwaffen auf nahe und kürzeste Entfernung, dem sogenannten Combatschießen, liegen. Es kann in einigen Lagen allerdings dazu kommen, daß der Soldat dem Gegner in einem einengenden Gelände entgegentreten muß, wie z.B. beim Säubern von Kampfstellungen und Schützengräben, in Gebäuden oder im Wald, oder wo Zivilisten beteiligt sind, was insbesondere heute bei den zahlreichen UN-Einsätzen, seien dies friedenserhaltende oder friedensschaffende Einsätze, an der Tagesordnung ist. In diesen Fällen, oder auch, falls seine Schußwaffe versagt, kann das Bajonett die ideale Waffe sein, um den Gegner rasch auszuschalten. Soldaten müssen dann sofort und instinktiv zu den entsprechenden Techniken übergehen, basierend auf der Situation und den zur Verfügung stehenden Waffen. Eine der Möglichkeiten in dieser Situation ist der Einsatz des Bajonetts.

Es wurden und werden ständig neue Waffen, verbesserte Ausrüstung und neue Taktiken in der modernen Kriegsführung eingeführt. Feuerkraft allein jedoch wird nicht immer einen entschlossenen Gegner aus seiner Stellung vertreiben. Er wird häufig in seinen Verteidigungsstellungen bleiben, bis er im Nahkampf herausgetrieben wird. Dies trifft besonders dann zu, wenn er erkannt hat, daß ein Ausweichen ins offene Gelände ihn der vollen Wirkung der Waffen des Angreifers aussetzen wird. Er hat tatsächlich eine größere Überlebenschance, wenn er nah am Gegner „klebt“, da es diesem dann nicht mehr möglich sein wird, alle seine schweren Waffen mit ihrer vernichtenden Feuerkraft und Waffenwirkung einzusetzen, ohne die eigenen Truppen zu sehr zu gefährden. Dies trifft besonders im Orts- und Häuserkampf zu. Die Rolle des modernen Soldaten, insbesondere in der Endphase des Angriffs, bleibt damit auch nach Hunderten von Jahren nahezu unverändert: Sein

Auftrag war und ist es, an den Feind heranzugehen, ihn zu bekämpfen und ihn zu vernichten oder gefangenzunehmen und sein Territorium zu besetzen. Diese Aufgabe bleibt das ultimative Ziel aller Einzelausbildung. Auch heute beschränkt sich der Krieg nicht darauf, wie ein Computerspiel am Bildschirm geführt zu werden. Nach wie vor wird dabei wirkliches Blut vergossen, Menschen getötet und enorme Sachschäden verursacht, auch wenn dies aus Gründen der Politik in den Fernsehnachrichten oder anderen Medien oft nicht oder nur kaum zu sehen ist. Daran hat sich trotz aller Fortschritte in der Strategie, der Taktik und der Waffenentwicklung in mehreren Jahrtausenden wenig geändert. Das Gewehr mit aufgepflanztem Bajonett ist und bleibt somit eine der Endmaßnahmen, um einen Gegner im Angriff zu besiegen.

Die Wichtigkeit darin, die Offensive zu ergreifen als ein Grundprinzip der modernen Kriegsführung kann nicht in Frage gestellt werden. Das Bajonett ist ein Symbol der Offensive, der Aggressivität. Es verleiht dem Soldaten Mut, Selbstvertrauen und Entschlossenheit, vorausgesetzt, er ist in seinem Gebrauch richtig ausgebildet. Es gibt den einzelnen Infanteristen eine offensivere Einstellung und macht es ihnen besser möglich, ihren Auftrag beim endgültigen, entscheidenden Angriff zu erfüllen, sei es beim Sturm und Einbruch in die feindliche Stellung, dem Nahkampf, bei Nacht, im Waldkampf oder beim Orts- und Häuserkampf. Es gibt ihnen die Möglichkeit zur Selbstverteidigung, wobei es zu ihrer Sicherheit und ihrem Schutz beiträgt. Über seine offensive Funktion hinaus kann es stets als letzte Verteidigungsnotmaßnahme defensiv eingesetzt werden.

In Situationen, in denen eigene und feindliche Truppen im Nahkampf miteinander stehen, können Gewehrfeuer, Querschläger und Handgranatensplitter die eigenen Truppen (oder unbeteiligte Zivilisten) treffen. Das Bajonett dagegen kann genauer eingesetzt werden und nur die Person ausschalten, gegen die es direkt eingesetzt wird. Man kann hier sozusagen von einer „chirurgisch präzise einsetzbaren Mehrzweckwaffe“ sprechen, die diesen Anspruch, im Gegensatz zu den millionenschweren Hightechwaffen des 21. Jahrhunderts, auch wirklich erfüllt (und dabei keine Unbeteiligten gefährdet). So lange die Infanterie noch immer an den

Feind herangehen muß - und dies wird sich wohl auf absehbare Zeit kaum ändern lassen - bleibt dies eine wichtige Fähigkeit.

In Lagen mit verminderter Sicht kann sich durch das Vorhandensein des Bajonetts ein größeres Sicherheitsgefühl bei den Truppen einstellen und ein verfrühtes Schießen und die sich daraus ergebenden Tragödien und Verluste, auch und insbesondere durch eigenes, „freundliches" Feuer, vermeiden lassen, wenn sich z.B. bei Nacht oder Nebel, Regen oder Schneetreiben, im Wald oder im Häuserkampf mit den dabei schnell und unvermutet auftauchenden und wieder verschwindenden Zielen nicht klar erkennen läßt, wer Freund und wer Feind ist. Nicht nur kann ein verfrühtes Schießen zu eigenen Verlusten führen, sondern auch dem Gegner den eigenen Standort verraten und somit die ganze Operation gefährden. Ganz abgesehen von eigenen Verlusten lassen sich so auch die unnötigen Verluste unter der Zivilbevölkerung geringer halten.

Auch im Einsatz in Bürgerkriegsregionen, bei Aufständen und zivilen Unruhen sowie bei UN-Einsätzen, den sogenannten „Blauhelmeinsätzen", kann sich das Bajonett als wertvoll erweisen, wenn der Schußwaffeneinsatz nicht gerechtfertigt oder nicht möglich ist, ohne Zivilpersonen zu gefährden. Vom Standpunkt der Aufruhrkontrolle aus gesehen, behält das Bajonett einen bedeutenden Einschüchterungswert, insbesondere in westlichen, sprich in europäischen oder nordamerikanischen Kulturkreisen, in denen man z.B. mit Messern, Schwertern und Macheten nicht so sehr vertraut ist und sie im täglichen Leben kaum benutzt. Vorraussetzung hierfür ist wie immer eine gründliche Ausbildung an der entsprechenden Waffe. Die offensichtliche Unvertrautheit vieler westlicher Soldaten mit Klingenwaffen in Ländern, in denen jedermann Messer oder Macheten offen trägt und benutzt, ist ein häufiger Grund dafür, daß diese Soldaten sich lächerlich machen und den Respekt verlieren. Während der Operation Desert Storm z.B. lachten die saudischen Truppen über ihre amerikanischen Verbündeten, weil fast jeder amerikanische Soldat deutlich sichtbar ein großes Kampfmesser trug, jedoch kaum einer von ihnen jemals ein formales Training darin erhalten hatte, wie man es richtig einsetzt. Befehlshaber sollten deshalb die Psychologie sowohl der eigenen Truppen als auch der Aufrührer in Betracht ziehen, wenn sie die Lage beurteilen und ihre Befehle erteilen sowie die Einsatzausrüstung und Bewaffnung festlegen.

Wenn die Lage das Durchladen oder Nachladen des Gewehrs nicht erlaubt oder es aus Gründen der Geräuschtarnung nicht praktisch ist, dies in Nähe des Gegners zu tun, ohne sich selbst frühzeitig zu verraten, ist das Bajonett noch immer einsatzbereit für den Soldaten. Während des Einsickerns bei Nacht, im Nachtkampf oder wenn Geräuschlosigkeit und Geheimhaltung gewahrt werden müssen, ist das Bajonett eine hervorragende, lautlose und furchteinflößende Waffe. Dies trifft sowohl dabei zu, einen Gegner auszuschalten, als auch dabei, Gefangene zu machen. Und selbstverständlich ist jedermann vertraut mit dem Anblick von Soldaten, die Gegner, die sich ergeben haben, unter Verwendung von Gewehren mit aufgepflanzten Bajonetten durchsuchen, abtransportieren oder bewachen. Das Bajonett dient hier der besseren Eigensicherung. Der Anblick des blanken Stahls wirkt auf den Gegner weitaus bedrohlicher, als es das Gewehr allein sein würde und bietet, wie schon weiter oben erwähnt, dem Soldaten zusätzliche Verteidigungsmöglichkeiten.

Wenn Lautlosigkeit erforderlich ist, ist das Bajonett nicht zu ersetzen. Es ist anpassungsfähig, kann entweder aufgepflanzt werden auf dem Gewehr oder im Nahkampf in der Hand gehalten als Kampfmesser lautlos, schnell und tödlich eingesetzt werden. Ein Bajonettkampftraining bietet dem Gewehrschützen somit (mindestens) drei Möglichkeiten: Kugeln, Kolben oder Klinge, d.h. Schuß, Hieb oder Stich. Das Bajonett dient als Zweitwaffe, wenn das Gewehr eine Ladehemmung hat oder dem Soldaten die Munition ausgegangen ist oder ihm nicht mehr genügend Zeit zur Verfügung steht, um seine Waffe nachzuladen, bevor ein heranstürmender Gegner ihn erreichen kann. Im Nahkampf kann es auch häufig schwierig, wenn nicht sogar unmöglich sein, das Gewehr in den Anschlag zu bringen, um einen Schuß abzugeben. Dabei kann es egal sein, ob es sich hierbei um einen gezielten oder angedeuteten Schuß von der Schulter aus oder um einen Feuerstoß im Hüftanschlag handeln mag. Vielfach wird die Waffe zu lang und zu unhandlich sein oder es wird einfach nicht mehr genügend Zeit zur Verfügung stehen, um sie zum Einsatz zu bringen. In diesen Fällen ist der Einsatz als Hieb- und Stichwaffe mit aufgepflanztem Bajonett zweckmäßiger und erfolgversprechender, als zu versuchen, erst noch unbedingt einen Schuß abzugeben, wenn dies schon gar nicht mehr möglich ist.

Außerdem ist das Bajonett eine verhältnismäßig preiswerte Mehrzweckwaffe und hat viele weitere Einsatzzwecke neben dem reinen Kampfeinsatz. So kann es z.B. bei der Minensuche eingesetzt werden, um Äste und Sträucher abzuschneiden für Tarnmaterial oder Stellungsbau, um Kisten aufzubrechen und um andere Reparaturen und alltägliche Dinge zu erledigen, bei denen ein Stech- oder Schneidewerkzeug benötigt wird. Manche modernen Bajonette, wie z.B. das amerikanische M-9 Bajonett oder die für die Kalaschnikow-Sturmgewehre gefertigten, sind am Griff isoliert und können unter Verwendung einer Vorrichtung an der Bajonettscheide zum Zerschneiden von elektrisch geladenen Drähten oder Stacheldraht eingesetzt werden.

Zu guter Letzt sei noch zu erwähnen, daß das Bajonettkampftraining ein hervorragendes körperliches Konditionstraining ist. Die Bajonettkampfbahn ist eine anstrengende und sehr fordernde Übung und entwickelt eine Kombination aus Fitness und Kampffähigkeiten, die zum Erlangen einer vollständigen militärischen Kampfbereitschaft beiträgt.

Geschichte des Bajonetts

Das Bajonett, eine französische Erfindung, ist diejenige Infanteriewaffe, die sich am wenigsten verändert hat während der Weiterentwicklung und Verfeinerung der Kriegswaffen im Laufe der letzten 350 Jahren. Es ist eine Klingenwaffe, die an der Mündung eines Gewehrs befestigt wird und ursprünglich dazu diente, aus der Muskete eine Pike zu machen. Der Einsatz dieser Waffe ermöglichte es dem Musketier, sich selbst zu verteidigen, da er nun während des Nachladens über eine Stich- und Stoßwaffe verfügte.

Um das Jahr 1590 herum begannen die Holländer damit, Musketendrill für das Militär zu entwickeln. Dies war hauptsächlich als Sicherheitsmaßnahme gedacht gegen sich ungewollt lösende Schüsse, die eine ernsthafte Bedrohung für die damals eng beieinander stehenden Reihen der bewaffneten Männer darstellten. Die Holländer lehrten ihre Methoden des Exerzierens, indem sie auswendig zu lernende Bewegungsabläufe verwendeten, die man in japanischen Begriffen als Kata oder Formen bezeichnen würde. Obwohl sich keine Beweise dafür finden lassen, daß die holländischen Entwicklungen im Zusammenhang standen mit den damals gleichzeitig stattfindenden japanischen Entwicklungen, könnte dies dennoch der Fall gewesen sein, da die Holländer, eine Nation bekannt für Ihre Seefahrer und Handelsverbindungen, schon seit Anfang der 1590er Jahre regelmäßige Besucher im japanischen Nagasaki waren und den Satsuma-Klan bis Ende des Jahres 1649 mit Kavallerie- und Artillerieausbildern versorgt hatten.

Bajonette, obwohl damals noch nicht als solche bezeichnet, erschienen erstmals zwischen 1580 und 1590 auf französischen und spanischen Musketen. Diese kleinen Messer wurden hauptsächlich von Grenadieren eingesetzt, von Männern, deren Aufgabe im Kampf unter anderem darin bestand, Handgranaten gegen die feindliche Kavallerie zu werfen, um dadurch deren Pferde zum Scheuen zu bringen. Da die Grenadiere nicht in der Lage waren, Musketen, Piken und Granaten alle zur gleichen Zeit mit sich zu tragen, steckten sie ihre Messer in die Mündungen ihrer abgeschossenen Waffen und setzten sie als behelfsmäßige Piken ein.

Es gibt mehrere Versionen über den Ursprung des Begriffes Bajonett und seiner Herkunft. Einige Quellen behaupten, daß er abgeleitet wurde von den Baioniers, Armbrustschützen des Mittelalters, die ein langes Messer oder einen Dolch bei sich trugen, um ihre Bewaffnung aus Armbrüsten für den Nahkampf zu ergänzen. Andere Quellen sagen den baskischen Schmugglern die Verwendung einer bajonettartigen Waffe als letztes Verteidigungsmittel nach. Die meisten schriftlichen englischsprachigen Quellen schreiben es allerdings Seigneur Marecal de Puysegur zu, der 1647 bei Ypern in Frankreich seinen Truppen befahl, nach dem Feuern ihre

Dolche in die Mündungen ihrer Musketen zu stecken. De Puysegur und seine Einheit stammten aus dem französischen Bayonne, einer Stadt, die seinerzeit für ihre Dolchmanufakturen bekannt war. Von daher stammen auch die ersten uns bekannten schriftlichen Hinweise auf diese sogenannten „Bayonnettes". Hieraus bildete sich später dann der Begriff Bajonett.

Frühere Infanteriekommandeure setzten einen Kämpfer ein, der als Pikenier oder Pikenträger bekannt war, um die Musketiere vor einem gegnerischen Angriff zu schützen, während diese ihre Musketen nachluden. Sie waren mit einer Pike bewaffnet: einem langem Stock, zwischen 3,5 m und 5 m Länge, an dessen Ende eine Messerklinge oder ähnliche Spitze befestigt war. Das Nachladen war damals ein zeitaufwendiger Vorgang, und die Musketiere waren während dieser Zeit, da ihre Waffen leer waren, sehr verwundbar. Im 17. Jahrhundert stellten sich die Pikeniere selbst entweder in Linie oder im Karree vor bzw. um die Musketiere herum auf und wehrten jeden feindlichen Sturmangriff, insbesondere plötzliche Kavallerieattacken, die für die Musketiere die größte Bedrohung darstellten, mit ihren Piken solange ab, bis die Musketiere wieder bereit zum Feuern waren.

De Puysegurs Entwicklung ermöglichte es den Musketieren nun, beide Funktionen dieses „mittelalterlichen Feuerteams" gleichzeitig auszuüben. Man sparte sich dadurch einen Mann mit einer Pike ein, der nun ebenfalls mit einer Feuerwaffe ausgestattet werden konnte, was die Waffenwirkung der Truppe auf größere Entfernung erhöhte. Dieses sogenannte Spundbajonett war über einen Zeitraum von 40 bis 50 Jahren im Gebrauch. Klinge und Schaft waren ursprünglich etwa je 30 cm lang. Mit aufgepflanztem Bajonett war die Muskete nun etwa 2 m lang. Dies ermöglichte es dem zu Fuß kämpfenden Musketier, einen Kavallerist hoch zu Roß noch außerhalb der Reichweite dessen Säbels mit seiner Bajonettklinge zu erreichen. Das Bajonett bestand aus einem langen Dolch mit einem sich nach unten verjüngenden Schaft, der in die Mündung der Muskete gesteckt wurde. Diese Verjüngung war notwendig, da die Mündungsdurchmesser nicht standarisiert waren. Das Spundbajonett paßte stramm in die Mündung der Muskete, und es war nur recht schwer wieder daraus zu entfernen. Dies war notwendig, um zu verhindern, daß es vom Gegner herausgezogen werden konnte. Die Muskete konnte mit dem eingesetzten Bajonett nicht abgefeuert werden, was sich als ein bedeutender Nachteil erwies. Natürlich verursachte auch manchmal das Zustopfen der Mündung von noch geladenen Waffen ein Explodieren von Pulver und Waffe und damit Verletzungen des Trägers.

Das Spundbajonett fiel aus der Gnade, nachdem es zur Niederlage der Engländer gegen die Schotten im Jahr 1689 bei Killiecrankie in Schottland beitrug. Den Engländern wurde befohlen, nach dem Abfeuern einer Salve auf die Schotten ihre Bajonette aufzupflanzen. Aber der britische Kommandeur erkannte dann, daß seine Truppen noch weiter von den Schotten entfernt waren, als er ursprünglich angenommen hatte. Er befahl ihnen nun, die Bajonette wieder abzunehmen und die Musketen nachzuladen. Bevor das Nachladen jedoch beendet werden konnte, waren die Schotten an die Engländer herangekommen und schlugen sie in die Flucht.

Der englische Kommandeur Hugh MacKay, der die Nachteile des Spundbajonetts erkannt hatte, entwickelte eine Verbesserung, die als Ringbajonett bekannt wurde. Das Ringbajonett ähnelte dem Spundbajonett, aber der spitz zulaufende Schaft wurde hier zwischen zwei Ringen eingesteckt, die seitlich an der Mündung befestigt waren. Dies erlaubte es, die Muskete mit dem aufgepflanzten Bajonett abzufeuern. Es gibt einige Hinweise darauf, daß eine ähnliche Vorrichtung schon zehn Jahre vor dem Kampf bei Killiecrankie in Frankreich benutzt worden ist, um die erwähnten Probleme des Spundbajonetts zu beseitigen, was darauf hindeutet, daß das Ringbajonett keine englische, sondern tatsächlich eine französische Erfindung ist. Auf jeden Fall versuchten es die Franzosen ebenfalls mit Ringbajonetten. Obwohl es gegenüber dem Spundbajonett eine bedeutende Verbesserung war, lies das Ringbajonett dennoch viel zu wünschen übrig. Das Fehlen eines Standards machte ein sicheres Befestigen schwierig, und die Ringe neigten dazu, mit der Zeit auszuleiern, wodurch das Bajonett nutzlos wurde, da dies dazu führte, daß das Bajonett abfiel, wenn die Waffe mit der Mündung nach unten zeigte. Sie waren daher bei den Truppen nie sehr beliebt

Die Experimente wurden fortgesetzt, und um 1678 lösten französische Ingenieure das Problem durch die Erfindung eines neuen Bajonetts, das als Tüllenbajonett bekannt wurde. Das Tüllenbajonett wurde weitläufig zu Anfang der 1690er Jahre eingeführt. Der untere Teil des Bajonetts war geformt wie ein Ellenbogen, wodurch die Klinge aus der Schußlinie und das Bajonett eng an den Lauf gebracht wurde. Erneut machte es der Mangel an Standarisierung unmöglich, ein einziges Modell zu produzieren, welches auf selbst eine kleine Anzahl der Waffen einer einzigen Einheit passen würde. Auch konnte durch einen plötzlicher Zug des Gegners das Bajonett vom Lauf abgezogen werden. Diese Probleme führten zu weiteren Verbesserungen im Bajonettdesign, in einem Versuch, ein schnell aufzupflanzendes Bajonett zu

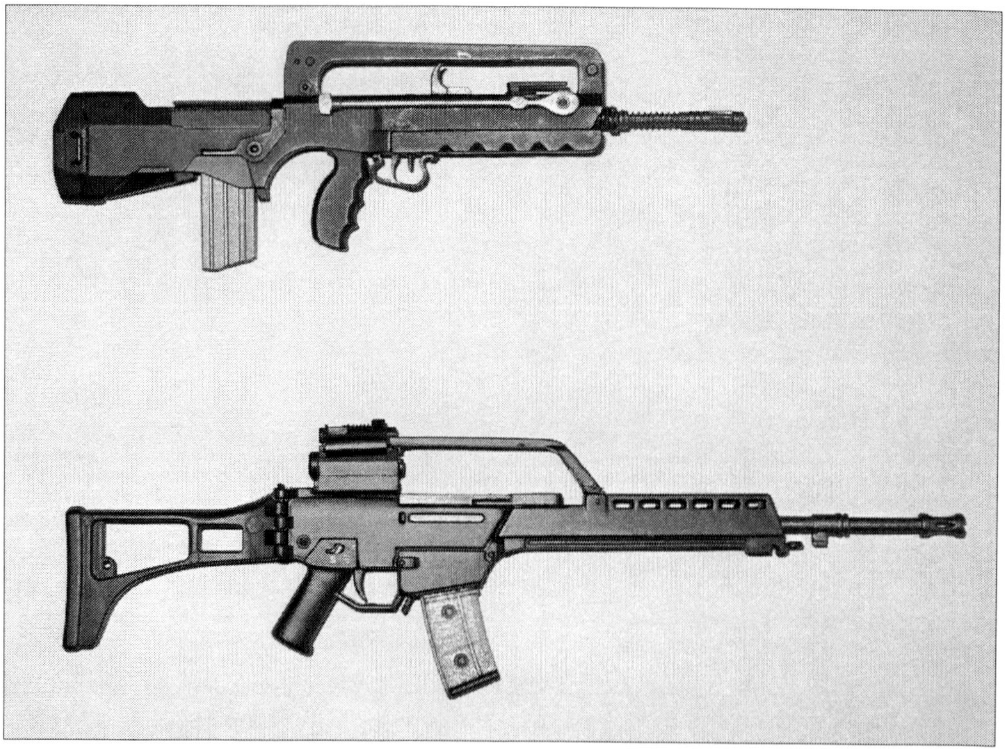

Größenvergleich zwischen französischem FAMAS und deutschem G36

finden, das sicher am Lauf befestigt werden könnte. Eine Weiterentwicklung machte das Bajonett zu einem festen Bestandteil der Muskete selbst. Dies wurde dadurch erreicht, daß die Tülle mit einem Schlitz versehen wurde, wodurch eine größere Öffnung entstand. Sie konnte zusammengedrückt werden, um so einen engeren Sitz zu ermöglichen und sich den verschiedenen Laufdurchmessern anpassen zu können. Versuche mit Schlitzen, Ringen, Haken, Klammern, Federn und anderen, ähnlichen Vorrichtungen wurden durchgeführt in dem Bestreben, ein besseres Bajonett zu entwickeln. Praktisch alle nach 1690 produzierten militärischen Musketen verfügten immer über die entsprechenden Befestigungsvorrichtungen für das Tüllenbajonett mit an der Muskete angebrachten Verriegelungen.

Das Bajonett, so wie wir es heute noch kennen, findet seinen Ursprung am Anfang des 19. Jahrhunderts. Gegen Ende des 18. Jahrhunderts tauchte eine wichtige Bajonettmodifizierung auf: das Schwertbajonett. Dies ist zum Prototyp der meisten Bajonette seit jener Zeit geworden. Das heute gebräuchliche Messerklingenbajonett kam zur gleichen Zeit in den allgemeinen Gebrauch wie die Einführung des Magazingewehrs, kurz vor Beginn des amerikanischen Bürgerkriegs 1861. Bei den Klingen gab es eine Vielzahl von Formen und Größen, die von schwertartigen, fast 60 cm langen Klingen bis zu dolchartigen, 25 cm kurzen Klingen reichten. Üblicherweise gab es auch eine Vielzahl von kurzlebigen Varianten und Mehrzweckbajonetten. Es gab Sägezahnklingen für den Einsatz bei den Pionieren, säbelartige Klingen für den Einsatz bei der Kavallerie, spatenblattförmige Klingen, die dem Infanteristen halfen, sich einzugraben, und Machetenklingen, um sich durch den Dschungel durchzuhauen. Zusätzlich gab es eine Ladestockklinge, die aus einem langen Ladestock bestand, der an einem Ende zugespitzt war und unter dem Lauf wie ein herkömmlicher Ladestock eingeschoben wurde. Keine dieser Modifikationen war allerdings über einen längeren Zeitraum im Einsatz.

Im 18. und 19. Jahrhundert, zur Blütezeit des Bajonetts, stellte man die Infanterie üblicherweise in Linien zu zwei oder drei Gliedern auf. Wenn das erste, vorderste Glied seine Gewehre abgefeuert hatte, kniete es vor dem zweiten Glied nieder, um seine Waffen nachzuladen. Dabei schützte es sich selbst und das bzw. die hinter ihm stehenden Glieder durch eine dichte Reihe von Bajonettspitzen vor Angriffen des Gegners, während das zweite Glied dahinter stehend feuerte. Ging die Infanterie vor, erhöhte der Anblick des aufblitzenden, blanken Stahls die moralische Wirkung des Angriffs erheblich.

Zu diesem Zeitpunkt besaß der Gewehrschütze nun erstmals ein zuverlässiges Instrument, mit dem er sich verteidigen konnte, während er seine Waffe nachlud. Es diente nicht nur dazu, ihn zu schützen, sondern auch, um seine Moral aufzubessern, wenn der Regen sein Pulver durchnäßt oder der Wind das Pulver von der Schießpfanne geblasen hatte. Er konnte sich damit jetzt jederzeit gegen die Säbelhiebe der Kavallerie oder einen Sturmangriff der feindlichen Infanterie verteidigen. Und natürlich verfügte er nun in seinem Arsenal über eine weitere Waffe für den eigenen Angriff.

Bis zum heutigen Tage ist dieser „Geist des Bajonetts“, die sogenannte „Stechmentalität“, erhalten geblieben. Selbst im 21. Jahrhundert werden die modernsten Sturmgewehre noch immer mit Aufpflanzvorrichtungen für Bajonette ausgestattet, und zu den normalen Ausrüstungsgegenständen der Soldaten vieler Armeen und paramilitärischer Einheiten weltweit zählt nach wie vor das Bajonett. Heutzutage wird die Bajonettausbildung in den meisten Armeen jedoch mehr dafür eingesetzt, um die Aggressivität zu steigern und den Kampfeswillen der Soldaten zu wecken sowie zum Konditionstraining, als um auf tatsächliche Gefechtssituationen vorzubereiten. Moderne Bajonette sind heute zu Mehrzweckmessern geworden, die neben der klassischen Funktion als Bajonett auch noch als Kampf- und Survivalmesser oder als Werkzeug eingesetzt werden können.

Entwicklung des Bajonettkampfes

Während des 18. Jahrhunderts wurde das Exerzieren und der Gefechtsdrill mit Musketen und Bajonetten durchgeführt, um Disziplin zu schaffen und die Soldaten zu einer Einheit zusammenzuschweißen. Ziel war es, die Bewegungsabläufe zu automatisieren, so daß im Gefecht nicht erst lange überlegt werden mußte, was zu tun ist. Es diente aber auch als eine Sicherheitsmaßnahme. Die meisten Soldaten der damaligen Zeit tranken mehrere Liter Bier oder Wein pro Tag und kämpften, marschierten und bewegten sich auf dem Schlachtfeld in dicht gedrängt stehenden, rechteckigen Gefechtsformationen. Es überrascht daher nicht, daß Unfälle an der Tagesordnung waren und beachtlicher Aufwand betrieben wurde, um zu vermeiden, daß sich die Soldaten gegenseitig Schneiden, Stechen oder Beschießen.

Gegen Ende des 18. Jahrhunderts machte der russische General Suworow die Ausbildung im Bajonettfechten in seiner Armee zu einer Kunst, die ständig weiterentwickelt wurde und noch bis ins 21. Jahrhundert hinein in der russischen Armee, neben dem Sambo, ein fester Bestandteil der Nahkampfausbildung geblieben ist, insbesondere bei Fallschirmjägern, Marineinfanterie und Spezialeinheiten wie den Speznaz. Suworow legte größten Wert darauf, daß seine Soldaten sich auf den Bajonettkampf spezialisierten, denn für ihn war das Ziel, die Entscheidung im Gefecht durch einen Angriff mit den Bajonetten zu suchen. Es wurde als mutiger und ehrenvoller angesehen, den Gegner mit dem Bajonett anzugreifen, als ihn zu erschießen (Diese Einstellung und Denkweise hielt sich speziell bei Russen und Franzosen, aber auch in anderen Ländern, noch bis Anfang des 20. Jahrhunderts bis hinein in den 1. Weltkrieg und ist einer der Gründe dafür, warum es zu den verheerenden Verlusten durch sinnlose Sturmangriffe gegen gut verschanzte feindliche Grabenstellungen hinter Stacheldraht und Minenfeldern, verteidigt mit Maschinengewehren, kam, da nichts anderes zählte oder als siegbringend angesehen wurde als der Angriff um jeden Preis und ohne Rücksicht auf Verluste.).

Den Napoleonischen Kriegen folgend, begann man sich zu überlegen, daß eine Ausbildung im Nahkampf den Soldaten zugleich mit einem Training in Selbstverteidigung als auch mit der dringend benötigten körperlichen Kondition für die Kriegsführung ausstatten würde. Am Königlich Schwedischen Zentralinstitut für Gymnastik beispielsweise brachte der Reserveoffizier Pehr Ling den Offizierskadetten bei, sowohl mit dem Schwert als auch mit der Muskete mit aufgepflanztem Bajonett zu fechten und veröffentlichte 1836 eine erste Schrift zum Thema des Bajonettfechtens.

Für Ling war das tiefe Hineinstechen des Bajonetts in das Ziel von größter Wichtigkeit. Dies kam zum einen daher, daß Ling als trainierter Fechter der

europäischer Schule ein treuer Anhänger jener Lehre war, die besagte, daß der Stich besser sei als der Hieb. Genauso wichtig war zum anderen aber auch, daß das Stechen mit dem Bajonett weit weniger Beschädigungen an den Gewehren verursachte. Die üblicherweise beim Training verwendeten Bajonettziele waren damals aufgerollte dicke Taue oder festgepreßte Strohballen, die in Segeltuchsäcken gesteckt von einem Querbalken herunterhingen. Falls Soldaten mit ihren Musketen wiederholt auf diese Ziele einschlugen, riskierten sie, Feuermechanismus, Kolben und Läufe ihrer Waffen zu beschädigen. Die Schäfte waren zu zerbrechlich, um sie für Kolbenschläge einzusetzen, was allerdings die Art und Weise war, in der die meisten Soldaten ihre Waffen während des Nahkampfes einzusetzen pflegten (und Berichten zu Folge es angeblich auch heute noch tun).

Die geordnete Massenausbildung im Bajonettkampf entwickelte sich gegen Ende des 19. Jahrhunderts und war teilweise zurückzuführen auf die Entwicklung von zentral verwalteten und geleiteten Ausbildungslagern und Militärakademien. Ursprünglich waren die Japaner und Briten die Hauptbefürworter des Bajonettfechtens. Als Ergebnis der Erstarrung und Isolation Japans während der etwa 250 Jahre andauernden Herrschaft und Friedenszeit der Tokugawa hatte die militärische Schlagkraft der Samurai immer mehr abgenommen. Nachdem in Japan 1871 der Feudalismus abgeschafft wurde, schaffte man praktisch auch die Samurai als Kriegerklasse gleichzeitig mit ab, führte 1873 die Wehrpflicht ein und stellte eine neue nationale Armee auf, die nach modernem, westlichen Muster aufgebaut war. Anfangs nach französischem und ab 1878 nach deutschem Vorbild ausgebildet und ausgerüstet, kam der Bajonettkampf (das sogenannte Juken Jutsu) in der Meiji-Zeit als neue Kampfkunst für das Militär in den Gebrauch. Die Hei Gakko Offiziersakademie in Kyoto und die Rikugun Armeeakademie in Tokyo waren die ersten beiden großen Militärschulen in Japan, die neben Kendo, Judo und Jiu Jutsu auch den Bajonettkampf für ihre Kadetten methodisch unterrichteten. Während der militärischen Auseinandersetzungen des Chinesisch-Japanischen Krieges 1894-1895, des Russisch-Japanischen Krieges 1904-1905 und der Annektierung Koreas 1910 sowie später in den beiden Weltkriegen 1914-1918 bzw. 1939-1945 konnten die Japaner ausreichend praktische Erfahrungen im Bajonettkampf sammeln. Erwähnenswert über die japanische Entwicklung des Bajonettkampfes zur damaligen Zeit ist hierbei auch folgendes: Morihei Ueshiba, der spätere Gründer des Aikido, durchlief ebenfalls diese militärische Ausbildung und war während seiner Militärdienstzeit von 1903-1906 ein hervorragender Bajonettkämpfer im Juken Jutsu.

Während die Japaner für die Kampfmethoden und Techniken des Bajonettkampfes sich ihrer eigenen alten und reichen Kampfkunsttraditionen bedienen konnten, wandten sich die britischen Militärs einem florentinischen System zu, das von Ferdinando Masiello entwickelt worden war. Für Masiello war Form wichtiger als Funktion, und ursprünglich war es den britischen Bajonettfechtern noch nicht einmal erlaubt, während des Angriffes einen Kampfschrei auszuführen oder die Beine für Tritte einzusetzen. Im Jahre 1904 in Shanghai dann besiegte allerdings eine Bajonettfechtmannschaft der japanischen Armee, die Kampfschreie ausstieß und Tritte ausführte, haushoch eine Mannschaft der Royal Marines. Danach wurde den Briten dann etwas Lärmmachen erlaubt. Trotzdem beeindruckten die lautlos ausgeführten Darbietungen von choreographiertem Bajonettfechten die Politiker und Generäle noch immer am meisten.

Das Bajonett, wie bereits erwähnt, wurde ursprünglich entwickelt, um den Musketier zu schützen, während er seine Waffe nachlud. Ein rein defensiver Auftrag also. Die eingesetzten Taktiken waren Angelegenheit des Einzelnen oder seiner Einheit. Es gab anfangs keine offizielle Lehre des Bajonettkampfes. Als sich jedoch die Waffen verbesserten und schnellfeuernde, weitreichende Waffen zum Einsatz kamen, wurden die Truppen auf dem Schlachtfeld immer weiter auseinandergezogen. Die geschlossen kämpfenden Infanterieverbände der Vergangenheit verschwanden nahezu vollständig, und die Kavallerie konnte auf Grund der Weiterentwicklung der Feuerwaffen nicht mehr länger als Stoßtruppe gegen die feindliche Infanterie eingesetzt werden. Der Spaten wurde für den Soldaten zu einem äußerst wichtigen Ausrüstungsstück, um sich einzugraben und vor der gegnerischen Waffenwirkung zu schützen. Der Anteil der Zeit, die im Nahkampf mit dem Gegner verbracht wurde, verringerte sich. Als Ergebnis daraus reduzierte sich auch der Gebrauch des Bajonetts, einer reinen Nahkampfwaffe. Es gibt beispielsweise nur wenige Berichte über den Einsatz von Bajonetten während des amerikanischen Bürgerkrieges 1861-1865 oder des Spanisch-Amerikanischen Krieges 1898. Im ersten bereits

sogenannten „modernen Krieg“, dem Deutsch-Französischen Krieg 1870-1871, allerdings kam es dennoch zu zahlreichen Einsätzen des Bajonetts. So nahmen beispielsweise 50.000 deutsche Soldaten nach harten Kämpfen mit den Franzosen die Stadt Saint-Privat im Nahkampf mit aufgepflanzten Bajonetten ein.

Die Entwicklung des Maschinengewehrs und die Verbesserungen bei der Artillerie kehrten den Trend zur Beweglichkeit auf dem Schlachtfeld wieder um, und der 1. Weltkrieg 1914-1918 wurde zu einem statischen Konflikt, in dem die Grabenkriegsführung in großem Umfang eingesetzt wurde. Es gab sehr große Truppenkonzentrationen, die manchmal einander dicht gegenüber eingegraben waren. Das Bajonett erwies sich hier, neben Spaten, Faustfeuerwaffen, Messern und improvisierten Knüppeln, als äußerst wichtig im Stellungskrieg. Die Erfahrungen, die im 1. Weltkrieg gesammelt worden sind, führten zur Veröffentlichung der ersten Handbücher über die Bajonettkampflehre. Das Bajonett wurde als Offensivwaffe dargestellt, welche im Angriff auf feindliche Truppen in Gräben eingesetzt wurde. Viele der Prinzipien, die in diesen Handbüchern auftauchten, sind auch heute noch gültig. Frühe Lehren stellten das Bajonett als absolut notwendig dar für einen erfolgreichen Abschluß des Angriffs. Die Kombination aus Maschinengewehren, Stacheldrahtverhauen, Minenfeldern, schnellfeuernden Gewehren und gut ausgebauten Schützengräben, die in mehreren Linien hintereinander angelegt wurden, erwies sich als tödlich und nahezu undurchdringlich für die angreifende Infanterie. Artilleriefeuer war zwar in der Lage, die feindlichen Gräben zu zerstören. Dies war jedoch unerwünscht, da die Gräben wieder neu ausgebaut werden müßten, um sich vor dem feindlichen Artilleriefeuer zu schützen und um sich gegen den unausweichlich bevorstehenden Gegenangriff zu verteidigen. Daher war der einzige Weg, um den Gegner aus seinen Gräben zu vertreiben, ohne diese vollständig zu zerstören und ihn darin zu begraben, der Bajonettangriff. Die Lehre, die sich bezüglich Kampfeinstellung, Techniken und Training des Bajonettkampfes durch diese Handbücher der damaligen Zeit zog, sah im allgemeinen wie folgt aus:

Dem Bajonettkämpfer wurde ein solides Wissen über die grundlegenden Prinzipien des Bajonettkampfes beigebracht. Das Bajonett wurde als individuelle Waffe angesehen, und jeder Bajonettkämpfer wurde in solch einer Art und Weise geschult, daß er einen Vorteil aus seinen eigenen körperlichen Gegebenheiten ziehen konnte. Es wurde nicht versucht, genau vorgeschriebene Regeln über die Stellung der Füße oder die Haltung der Hände festzulegen. Jedem Bajonettkämpfer stand es frei,

Stellungen und Bewegungen zu wählen, die für ihn am natürlichsten waren. Das exakte Gegenstück also zu den klassischen Katas und Formen, wie wir sie noch heute bei vielen, meist asiatischen Kampfkünsten vorfinden, die sich aus alten Kriegskünsten ableiten, bei denen aber nahezu jede Bewegung, unabhängig von der körperlichen Beschaffenheit des Einzelnen, genau vorgeschrieben wird, ohne viel Individualität zu erlauben. Man vermittelte den Soldaten die Grundlagen, aus denen sie ihren eigenen Stil entwickeln konnten.

Ausbilder korrigierten einzelne Fehler, nutzten aber jeden Vorteil aus jeder besonderen Fertigkeit, die jeder einzelne Soldat besaß. Die Ausbilder versuchten, das Können des Einzelnen, im Einklang mit seinem Körperbau und dem Grad seiner Entwicklung, zum höchsten Niveau zu entwickeln, wachten aber gleichzeitig darüber, aus dem Bajonettkampftraining nicht ein präzises, stures Einexerzieren, einen militärischen Drill oder eine sportliche Übung zu machen.

Voraussetzung für eine aggressive Kampfeinstellung war der sogenannte „Geist des Bajonetts“. Ein wirklicher Bajonettkampf wurde dargestellt als ein nur wenige Sekunden andauerndes Ereignis, bei dem der Bajonettkämpfer entweder seinen Gegner tötete oder selbst getötet wird. Die Notwendigkeit einer aggressiven Handlungsweise war damals so offensichtlich wie heute. Der Feind war in die Defensive zu zwingen, die Schlacht galt als gewonnen, wenn dies erreicht wurde. Der Angriff bestand aus einer Serie von Stichen, Schnitten, Schlägen und Stößen, die in rascher Folge und ohne Pausen zwischen den einzelnen Techniken ausgeführt werden, so daß dem Gegner nicht erlaubt wird, sich wieder zu fangen, um eine Verteidigung zu organisieren oder einen Gegenangriff zu starten.

Der Einsatz von Teamarbeit beim Bajonettsturmangriff wurde stark hervorgehoben. Die angreifenden Truppen blieben auf einer Linie. Ein Einzelner, der zu weit voraus stürmte und getötet wurde, bevor Unterstützung herbeieilen konnte, trug nichts zu einem erfolgreichen Angriff bei. Gleichfalls galt, daß ein Einzelner, der zurückblieb, im Angriff nutzlos war. Die Soldaten mußten als Einheit zusammenwirken.

Die einzelnen Angriffstechniken, die in frühen Dienstvorschriften beschrieben wurden, ähneln stark denjenigen, die noch heute gelehrt und eingesetzt werden. Die heutigen Systeme sind allerdings unkomplizierter. Sie geben dem Bajonettkämpfer

ein besseres Gleichgewicht und erlauben eine bessere Kontrolle über die Waffe. Man hatte nämlich ursprünglich viele Techniken direkt aus dem Fechten übernommen, woraus sich schon der Begriff des Bajonettfechten ableitete, die sich allerdings mit den im Vergleich zu den Fechtwaffen um einiges schwereren und unhandlicheren Gewehren von wenig trainierten Soldaten kaum erfolgreich im wirklichen Kampfeinsatz ausführen ließen. Das Training bestand aus dem Vertrautmachen des Einzelnen mit den verschiedenen Techniken, der Verwendung von Strohpuppen und Stichzielen und dem Üben des Angreifens feindlicher Gräben und Stellungen durch ein Vorgehen der eigenen Truppen in Schützenlinie. Diesem letztgenannten Bereich wurde eine besonders große Bedeutung geschenkt. Puppen wurden hierbei in Gräben plaziert und von Bajonettkämpfern angegriffen, um sie auf die Grabenkämpfe vorzubreiten.

Im Jahre 1917, als die Vereinigten Staaten in den Krieg eintraten, übernahm auch das amerikanische Militär das britische System des Bajonettfechtens. Das System des Bajonettkampfes, das den amerikanischen Soldaten während des 2. Weltkriegs gelehrt wurde, lehnte sich stark an das an, was im 1. Weltkrieg eingesetzt wurde. Die Grundlagen dieses Systems wurden 1905 begründet und änderten sich nur sehr wenig während des Verlaufes der beiden Weltkriege. Etwa zeitgleich tauchte auch das sogenannte Biddle-System auf, das von A.J.D. Biddle beim U.S. Marine Corps während des 1. Weltkriegs eingeführt wurde. Biddle, ein Reserveoffizier der Marines, Nahkampflehrer, Fechter und Amateurboxer, war übrigens auch derjenige, der das Marine Corps davon überzeugte, das Boxen 1918 zu einem Bestandteil der Grundausbildung der Marines zu machen. Zur Zeit des 1. Weltkriegs wurden Bajonette hauptsächlich im Angriff auf feindliche Gräben eingesetzt, während ihr Einsatz im 2. Weltkrieg ausgeweitet wurde auf die Einnahme von vom Feind besetzt gehaltenem Schlüsselgelände und Gebäuden.

Erwähnenswert ist noch, daß zwischen den Weltkriegen während der Weltwirtschaftskrise und bei Revolutionen und Aufständen in zahlreichen Ländern auch Gewehre mit aufgepflanzten Bajonetten vom Militär eingesetzt wurden, um streikende Arbeiter und Aufständische einzuschüchtern und Demonstrationen aufzulösen. Hierbei war ihr Wert jedoch eingeschränkt, wenn Soldaten zwar mit Gewehren und Bajonetten, aber nicht mit scharfer Munition ausgestattet wurden. Bei den erbitterten Straßenkämpfen und Unruhen kam es manchmal vor, daß bei Auseinandersetzungen den Soldaten ihre Waffen entrissen wurden, wie sich dies z.B. bei den amerikanischen Tacomastreiks der 1930er Jahre ereignet hat. Dies war der Grund dafür, daß man den Soldaten keine scharfe Munition aushändigte, da man befürchtete, den Angreifern dadurch tödliche Waffen in die Hand zu geben, sollte es ihnen gelingen, diese den Soldaten zu entwenden.

Im Koreakrieg 1950-1953 setzten die Türken Berichten zur Folge Bajonette gegen die in Massen angreifenden Chinesen ein, aber nach Ermittlungen findet man schnell heraus, daß diese eher auf Pressemeldungen basieren als objektive Beschreibungen von türkischen Militäroperationen sind (Wie die Briten schon im 1. Weltkrieg in Gallipolli blutig lernen mußten, bevorzugte die türkische Armee Maschinengewehre gegenüber Bajonetten, um Angriffe von Menschenwellen zu zerschlagen.). Dennoch kam es hier zu zahlreichen Nahkämpfen mit zahlenmäßig weit überlegenen Gegnern, die mit dem Bajonett oder Klappspaten abgewehrt werden mußten, denn auch die Chinesen waren im Bajonettkampf trainiert. Der Einsatz in Korea brachte den türkischen Soldaten wegen ihrer Härte und Tapferkeit die Achtung und den Respekt sowohl von Freund als auch Feind ein.

Aus dem Koreakrieg zog man seine Lehren und Schlußfolgerungen u.a. auch für die Bajonettkampfausbildung. Das U.S. Marine Corps beispielsweise, das dort mit 15.000 Marines den Rückzug der multinationalen UN-Streitkräfte aus Korea gegen die über 190.000 Mann starke 8. Marsch-Armee der Chinesen sicherte, führte in den 1960er Jahren ein neues Bajonettkampfsystem ein. Entwickelt worden ist dies von Dr. Armond H. Seidler, Professor am Department of Physical Education an der Universität von Illinois. Dr. Seidler war Bajonettausbilder in der U.S. Army während des 2. Weltkriegs, zur Zeit, als bei den Ledernacken das Biddle-System gelehrt wurde. Erst 1952 während des Koreakriegs hatte man beim U.S. Marine Corps bereits ein neues System von John Styers, einem Schüler Biddles, für das M-1 Gewehr eingeführt, dessen System des Bajonettkampfes natürlich auf dem Biddle-System basierte. Dieses wurde in nahezu gleicher Form später auch von der U.S. Army übernommen, allerdings hier für das M-16 Gewehr modifiziert. Abwandlungen der beiden Systeme von Biddle und Styers wurden und werden heute noch immer in zahlreichen Armeen trainiert. Auch andere, ältere Systeme, die mehr

auf der „alten Schule“ des Bajonettfechtens basieren, sind noch bei vielen Streitkräften im Gebrauch.

Etwa zeitgleich mit dem Koreakrieg fand in der selben Region der Indochinakrieg 1946-1954 statt. Eine Hauptlast der Kämpfe wurde von der französischen Fremdenlegion getragen, deren Infanterie- und Fallschirmjägereinheiten bei allen bedeutenden Schlachten an den Brennpunkten eingesetzt wurden. In zahlreichen blutigen Gefechten entlang der wichtigen Hauptverbindungsstraßen, die das bergige und dschungelreiche Gelände durchschnitten, sowie bei Kämpfen um weit abgelegene Stützpunkte mußten sich die Legionäre gegen die in Massen angreifenden Viet Minh Rebellen erwehren. Häufig wurden ganze Einheiten vollständig aufgerieben, die von der zahlenmäßigen Übermacht des Gegners regelrecht erdrückt wurden und ohne Aussicht auf Verstärkungen oder Rückzugsmöglichkeiten bis zum letzten Mann kämpfen mußten. Es kam zu zahlreichen Nahkämpfen in den Dschungeln, Reisfeldern und Schluchten Indochinas, insbesondere wenn die Munition ausgegangen war und als letzte Verteidigungsmöglichkeit der Einsatz des Bajonetts übrigblieb, um nicht lebend in die Hände des Gegners zu fallen. In der Schlacht um Dien Bien Phu 1954 waren es dann auch die Fremdenlegionäre und reguläre französische Fallschirmjäger, die „Béret Rouge“, die noch bis zuletzt ihre Stützpunkte im Nahkampf verteidigten.

Während des Vietnamkriegs 1965-1973 und in den danach folgenden Jahren behielt das U.S. Militär die Bajonette im allgemeinen eher in den Waffenkammern als in den Unterkünften und gab sie meist nur aus zu besonderen Anlässen, wie z.B. bei Paraden oder dem Training zur Aufruhrkontrolle und zur Bekämpfung von Unruhen. Während des Vietnamkriegs lag der Grund darin, daß man befürchtete, die Soldaten würden die Messer während Schlägereien und aus Rassengründen gegeneinander einsetzen. Dies ist aus militärischer Sicht gesehen recht erstaunlich, wenn man bedenkt, das auch und gerade im Dschungelkrieg ständig die Gefahr besteht, auf Grund der kurzen Schußentfernungen und geringer Sichtweite in Nahkämpfe verwickelt zu werden. Die Amerikaner kämpften hier praktisch im selben Gelände wie die Franzosen nur wenige Jahre zuvor. Übrigens werden auch heutzutage in der französischen Fremdenlegion die Bajonette für die FAMAS-Sturmgewehre in den Waffenkammern zusammen mit den Gewehren aufbewahrt. Dies hindert die Legionäre allerdings nicht daran, sich auf privatem Wege mit eigenen Kampf- oder Survivalmessern auszurüsten, die dann im eigenen Spind aufbewahrt werden. In Französisch-Guayana beim 3éme REI besorgt sich darüber hinaus jeder Legionär auch seine eigene Machete für den Einsatz im Dschungel.

Hatte man in den amerikanischen Streitkräften Mitte der 1970er Jahre, nach Ende des verlorengegangenen Vietnamkriegs, noch das Bajonettkampftraining als für die Armee zu veraltet angesehen und aus Modernisierungs- und Kostengründen sowie wegen der möglichen Verletzungsgefahren eingestellt, kam es nach Umwandlung der U.S. Army in eine reine Berufsarmee zu einer Rückbesinnung auf soldatische und kämpferische Tugenden, die dazu führte, das seit Herbst 1981 wieder alle Rekruten im Bajonettkampf ausgebildet werden. Man begann mit dem Training an der Infanterieschule in Fort Benning und weitete es später auch auf andere Ausbildungslager aus. Neben dem Techniktraining und dem Zweikampf mit gepolsterten Übungswaffen (den sogenannten „Pugil-Sticks“) ist hier auch eine Bajonettkampfbahn, eine kombinierte Kampf- und Hindernisbahn, von etwa 450 m Länge zu absolvieren.

Auch im Falklandkrieg 1982 setzten britische Fallschirmjäger und Royal Marines ihre Bajonette ein, um die argentinischen Truppen, die sich in gut ausgebauten Stellungen verteidigten, im Nahkampf aus diesen zu vertreiben. Beim Angriff auf die Hügelstellungen vor Port Stanley z.B. setzten die Paras nach einem vierstündigen Nachtmarsch und anschließenden Gefechten ihre Bajonette bei den Kämpfen um Mount Langdon ein. Es stellte sich nämlich heraus, daß bei den langanhaltenden Nachtkämpfen die reguläre Ausstattung mit vier 20-Schuß Magazinen für das FN-FAL Gewehr der Briten bei weitem nicht ausreichte. Selbst den Männern, die sich mit 8 bis 10 Magazinen oder zusätzlicher Munition ausgerüstet hatten, ging die Munition aus, da die Argentinier in gut ausgebauten Stellungen eingegraben waren und, von Artillerie und Mörserfeuer unterstützt, den Briten Widerstand leisteten. Munitionsnachschub konnte bei Nacht nicht herangeführt werden, denn das Gelände war sehr unwegsam, lag unter feindlichem Feuer, und zahlreiche Hubschrauber waren schon zu Beginn der Kampfhandlungen um die Falklandinseln verlorengegangen. Erst nach Durchbruch der Verteidigung und Einnahme der argentinischen Stellungen konnten sich die britischen Soldaten mit Munition aus Feindbeständen versorgen, da die Argentinier glücklicherweise die selben Gewehre und Munition verwendeten.

In den japanischen Streitkräften hat man auch nach dem Ende des 2. Weltkriegs das Bajonettkampftraining fortgesetzt. Nachdem man nach Kriegsende die JGSDF (Japanese Ground Self Defense Forces, die japanischen Landverteidigungskräfte) gegründet hatte, wurde das Jukenjutsu weiterentwickelt und als Jukendo weiterbetrieben. Heute ist es eine offizielle Kampfsportart in den Streitkräften, die im Vollkontakt ausgeübt wird. Regelmäßig werden dort auch Wettkämpfe zwischen den Soldaten veranstaltet. Die Bajonettkämpfer kämpfen mit hölzernen Gewehrattrappen und tragen dabei eine dem Kendo ähnelnde Schutzausrüstung sowie eine weiße Trainingsbekleidung, die an den Schnitt der alten Uniformen angelehnt ist, denn bereits vor dem 2. Weltkrieg trugen die Soldaten beim Bajonettkampftraining, anders als bei all den anderen japanischen Kampfsportarten, die reguläre Armeeuniform. Neben dem Bajonettkampftraining wird in der japanischen Armee den Soldaten auch das militärische Nahkampfsystem Toshu Kakuto gelehrt.

Mit Blick auf die deutschen und österreichischen Streitkräfte, die man als Nachfolger der hervorragend ausgebildeten und lange Zeit sehr erfolgreich kämpfenden Wehrmacht des 2. Weltkriegs betrachten kann, sieht man, daß die Bundeswehr überhaupt keinen Bajonettkampf trainiert. Das Bajonettkampftraining wurde in Deutschland bereits nach dem 1. Weltkrieg als nicht mehr sinnvoll betrachtet: Feuerwirkung, Panzerung und Beweglichkeit dominierten seitdem die Schlachtfelder, nicht mehr kalter Stahl. Im Verlauf des 2. Weltkriegs zeigte sich, daß die fehlende Bajonettkampfausbildung der deutsche Landser ihren britischen, amerikanischen und russischen Gegnern keine nennenswerten taktischen Vorteile im Zweikampf verschaffte, obwohl es auch damals zu zahlreichen Nahkämpfen zwischen deutschen Soldaten und ihren Gegnern gekommen ist. Typische Beispiele hierfür sind die monatelang andauernden Häuserkämpfe in Stalingrad oder die berühmte Schlacht um Monte Cassino, wo deutsche Fallschirmjäger gegen zahlenmäßig weit überlegene Gegner kämpften. Bei den auch hier stattfindenden, erbittert geführten Nahkämpfen in den Bergen und Ortschaften Italiens setzten französische Fremdenlegionäre ihre afrikanischen Berbermesser, die für die Briten kämpfenden nepalesischen Gurkhas ihre gebogenen Khukris und die Deutschen ihr sogenanntes Seitengewehr ein.

Dennoch hat man in der Bundeswehr nie ein Bajonettkampftraining eingeführt. Anders dagegen im österreichischen Bundesheer, das trotz der erheblich kürzeren Ausbildungszeiten einer Milizarmee eine Nahkampfausbildung für seine Soldaten durchführt, in der der Bajonettkampf bzw. der Nahkampf mit dem Steyr AUG (Sturmgewehr 77) ein fester Bestandteil ist. Auch in der Nationalen Volksarmee (NVA) der DDR gab es eine Ausbildung im Bajonettkampf, die Teil der militärischen Nahkampfausbildung war. Das dort trainierte Bajonettkampfsystem lehnte sich stark an die Systeme an, die in der damaligen Sowjetarmee und der polnischen Armee trainiert wurden. Man führte ebenfalls eine Art von Bajonettkampf-Kata ein, der sogenannte Übungskomplex mit Gewehr, bei der die verschiedenen Angriffs- und Abwehrtechniken gegen einen imaginären Gegner ausgeführt wurden. Dieses Bajonettkampftraining fand nicht nur in den regulären Truppenteilen statt, sondern auch bei Spezialeinheiten und Fallschirmjägern, wie z.B. den Spezialaufklärern (SAK), dem Kampfschwimmerkommando 18 (KSK 18) oder dem Luftsturmregiment 40 „Willi Sänger". Dort bei den Fallschirmjägern z.B. machte die Nahkampfausbildung etwa 25 Prozent der gesamten Sportausbildung aus, was ihren hohen Stellenwert anzeigt. Mitte der 80er Jahre wurde hier das koreanische

Nahkampfsystem Gjok-Sul, in dem auch jeder Soldat der Volksarmee Nordkoreas ausgebildet wird, durch Nahkampfausbilder der nordkoreanischen Armee eingeführt und übernommen. Nach der deutschen Wiedervereinigung und der folgenden Zusammenlegung von Bundeswehr und NVA allerdings geriet diese Bajonettkampfausbildung leider völlig in Vergessenheit. Anzumerken ist aber, daß auch das neue G-36 Gewehr der Bundeswehr, genauso wie auch das Vorgängermodell G-3, über die entsprechende Vorrichtung zum Aufpflanzen eines Bajonetts verfügt, auch wenn die Bundeswehr ihre Soldaten nicht mit einem solchen ausstattet. Da der Hersteller Heckler&Koch natürlich ein passendes Bajonett zu diesem Gewehr vertreibt, würde sich für deutsche Soldaten die Möglichkeit anbieten, sich dieses auf privatem Weg zu beschaffen, um für Training oder Auslandseinsätze gerüstet zu sein.

Um die Bedeutung des Bajonettkampftrainings in der heutigen Zeit noch einmal zu betonen, ist es vielleicht interessant zu wissen, daß das U.S. Marine Corps noch kurz vor dem Beginn des Irakkriegs im Frühjahr 2003 rund 120.000 neue und verbesserte Bajonette für ihre M-16A2 Sturmgewehre bestellt hat, die eine längere, breitere und stabilere Klinge haben als die alten M-7 und M-9 Bajonette für das M-16. Sie haben ebenfalls eine schärfere Spitze und Klingenform, um Splitterschutzwesten und ähnliche Schutzausrüstung leichter durchdringen zu können, sowie verbesserte Griffe, um den Einsatz als Kampfmesser einfacher zu machen, und dem Soldaten eine echte und robuste Mehrzweckwaffe in die Hand zu geben.

WUNDTRAUMA UND WIRKUNG VON BAJONETTANGRIFFEN

Der Hauptunterschied zwischen der von einem Bajonett und der von einem Messer verursachten Wunde ist der, daß das auf dem Gewehr aufgepflanzte Bajonett einen großen Kraftvorteil besitzt. Das Gewicht der Waffe und die Kraft des Soldaten, in Verbindung mit seiner Vorwärtsbewegung, die sein Körpergewicht hinter den Angriff bringt, stellen sicher, daß nahezu jeder Stich oder Schnitt mit dem Bajonett normalerweise weit mehr Schaden anrichtet, als der gleiche Angriff mit einer in der Hand gehaltenen Klingenwaffe. Das gleiche trifft natürlich auch auf Schläge mit dem Kolben zu, die im Vergleich zu Schlägen mit der bloßen Faust eine erheblich größere Wirkung im Ziel hinterlassen.

Je schärfer und dünner die Klinge ist, desto weniger schmerzt eine Stich- oder Schnittwunde normalerweise, zumindest im ersten Moment. Dolchartige, lange und schlanke Klingen dringen am tiefsten ein mit der geringsten Kraftanstrengung. Große, schwere Klingen erfordern den größten Kraftaufwand beim Einsatz, erzeugen aber die schlimmsten und schmerzhafteren Wunden als die schlanken Dolche oder Stiletts. Opfer beschreiben häufig auch, daß schnelle Stiche oder Schnitte mit Messern sich eher so wie Faustschläge anfühlen. Auf das Bajonett bezogen ergibt sich bei seinem Einsatz eine erheblich größere „Mannstoppwirkung" als bei einem Messer. Grundsätzlich kann man sagen, daß die Dauer der Kampfunfähigkeit davon abhängt, wieviel Gewebe beschädigt oder zerstört worden ist.

Dreikantbajonette, wie das des chinesischen Typ 56 Sturmgewehrs (die chinesische Version der AK-47 Kalaschnikow) sind nur zum Stechen und nicht zum Schneiden gedacht. Die Rillen des Stachelbajonetts dienen dazu, die Klinge leichter zu machen. Diese Hohlkehlen bei Bajonetten oder Messern werden häufig als „Blutrinnen" bezeichnet. Es ist eine populäre Falschannahme, daß das Einkerben der Klinge das „Festsaugen" der Klinge im Körper verringert, so daß sie leichter herausgezogen werden kann. Es hat mehrere Fälle gegeben, in denen sich bei einem Messerstich in den Oberschenkel die Muskeln so stark um die Klinge herum verkrampft haben, daß es unmöglich war, das Messer wieder herauszuziehen. Ebenso gab es Unfälle, Verwundungen oder Kampfverletzungen, in denen eine getroffene Schlagader sich lange genug fest zusammengezogen hat, um dem Opfer eine Flucht bzw. Rettung und somit das Überleben zu ermöglichen.

Tiefe, durchdringende Stichwunden töten, indem eine Arterie durchtrennt oder ein lebenswichtiges Organ durchstochen wird. Schnitte oder Hiebe wirken tödlich durch ein Durchtrennen von Venen und Arterien und dem Verursachen starker Blutungen. Zusätzlich zu der größeren Möglichkeit bzw. Wahrscheinlichkeit von Schäden an inneren Organen, Arterien und anderen Blutgefässen sowie ernsthaften Gewebeschäden ist der Schmerz einer Bajonettwunde normalerweise weitaus beträchtlicher und schneller einsetzend als bei einer Messerwunde, da hier durch die größere Wirkung im Körper mehr Nervengeflechte betroffen sind.

Das Herumdrehen oder das von einer Körperseite zur anderen Herüberreißen der Bajonettklinge innerhalb des Körpers des Opfers ist fast immer das typische Merkmal eines harten Bajonettstichs, weil das Gewehr als Hebel an der Klinge wirkt, wodurch alle Bewegungen verstärkt und vervielfältigt werden. Dies verursacht auch bei Treffern in nichtlebenswichtigen Bereichen eine starke Schockwirkung, da die Nerven in dem zerstörten Gewebe stark darauf reagieren.

GRUNDLAGEN FÜR DEN MODERNEN BAJONETTKAMPF

Nachdem wir uns nun eingehend mit der Vergangenheit des Bajonetts und der Entwicklung des Bajonettkampfes befaßt haben, wollen wir dazu übergehen, zu zeigen, wie ein modernes, leicht zu erlernendes und für jeden Soldaten, egal ob Berufssoldat oder Wehrpflichtiger, Frau oder Mann, einfach und sicher einsetzbares Bajonettkampfsystem im 21. Jahrhundert auszusehen hat.

Man stellte fest, daß die Techniken der alten Systeme unhandlich und schwierig auszuführen waren und häufig dazu führten, daß der Bajonettkämpfer bei einer fehlgeschlagenen Technik sein Gleichgewicht verlor. Falls es dem Bajonettkämpfer nicht gelang, seinen Gegner mit dem ersten Schlag auszuschalten, war er anschließend regelmäßig der Gnade seines Gegners ausgeliefert, weil er praktisch ungedeckt dastand. Es wurden z.B. Stichtechniken ausgeführt, in dem man das Gewehr nur mit einer Hand am Kolben festhielt und dann, einem Fechter oder Schwertkämpfer ähnelnd, mit dem Bajonett voran das Gewehr auf den Gegner zustieß, wobei der freie Arm nach hinten ausgestreckt wurde, um das Gleichgewicht zu halten. Verfehlte dieser Stich, der eher einem Nachvornewerfen des Gewehrs glich, sein Ziel oder wurde vom Gegner abgewehrt, endete der Kampf sehr schnell tödlich für den Bajonettfechter. Auch andere Techniken, die häufig von den Soldaten eingesetzt wurden und noch heute eingesetzt werden, eignen sich nur bedingt für den Bajonettkampf. Z.B. wird das Gewehr häufig mit beiden Händen am Lauf erfaßt und dann damit zum Schwung über dem Kopf oder der Schulter ausgeholt, um mit dem Kolben, einem Axthieb oder Schwung mit einem Baseballschläger ähnelnd, zuzuschlagen. Der Nachteil bei dieser zugegebenermaßen sehr kraftvollen Technik ist, daß das Gewehr aus der für eine schnelle Schußabgabe günstigen Haltung genommen werden muß, wenn diese Technik eingesetzt wird. Ist der schnelle Einsatz als Schußwaffe oder mit der Bajonettklinge erforderlich, kann es mitunter zu lange dauern, um die Handhaltung zu ändern und die Waffe herumzudrehen, um sie mit der Mündung zum Ziel zeigen zu lassen. Außerdem führt ein Verfehlen des Ziels dazu, daß der Bajonettkämpfer nach dem Schwung ungedeckt und offen für einen Gegenangriff des Gegners dasteht.

Es stellte sich heraus, daß die Bewegungen des Biddle-Systems als auch des Styers-Systems und anderer, von ihnen abgeleiteter Systeme sowie des klassischen, vom Fechten abgeleiteten Bajonettfechtens unnatürlich waren und daß dies dazu führen würde, daß sie in einem echten Bajonettkampf aufgegeben würden, und der

Bajonettkämpfer in einem unorganisierten Angriff gegen seinen Gegner Zuflucht nehmen würde, bei dem er leicht getötet werden konnte.

Es ist die Meinung des Autors dieses Buches, daß, falls der durchschnittliche Soldat die heute noch vielfach gelehrten Techniken der oben genannten Systeme bzw. von abgewandelten Systemen gegen jemand einzusetzen versucht, der im philippinischen Stockkampf, im mittelalterlich europäischen oder im japanischen Langstockkampf trainiert ist, er schwer verletzt werden würde. Falls er sie in einem Kampf gegen einen Gegner, der selbst mit einem Sturmgewehr mit aufgepflanztem Bajonett bewaffnet ist, einsetzt, wird er wahrscheinlich getötet werden.

Ein weiteres mögliches Problem mit vielen heutigen Bajonettkampfsystemen ist, daß es Soldaten dazu anhält, das Bajonett zu tief ins Ziel zu rammen. Seit jeher wurde großer Wert darauf gelegt, den Gegner mit dem Bajonett regelrecht zu durchbohren. Wenn aber Tödlichkeit das Ziel ist, dann ist ein 5 cm tiefer Schnitt quer durch den Bauch oder die Kehle genauso tödlich wie ein Bajonett, das bis zum Anschlag hineingerammt wird. Wichtiger ist, daß es leichter herauszuziehen und daher schneller für eine Folgetechnik oder gegen weitere Gegner einzusetzen ist. Wenn der Hauptzweck des Bajonettkampftrainings jedoch nicht die Wirksamkeit, sondern einfach die Erhöhung des Selbstvertrauens und der Aggressivität des einzelnen Soldaten sein soll, dann kann man die Soldaten ruhig dazu anhalten, das Bajonett bis ans Heft hineinzurammen. Nur wird dies ihre Chancen, einen Bajonettkampf zu überleben, erheblich verringern.

Bei dem hier in diesem Buch vorgestellten System gibt es nur eine einzige Kampfstellung. Diese Grundstellung bietet sowohl eine gute Deckung als auch die Möglichkeit, alle Angriffs- und Abwehrtechniken sowie die Beinarbeit aus ihr heraus auszuführen. Alle Techniken beginnen von dieser Grundstellung aus, und jede Technik besteht aus einem Angriff und einem Zurückführen der Waffe. Das Zurückführen ist ein Zurücknehmen der Waffe und Zurückkehren in die Ausgangsstellung. Bei der Ausführung einer Technik folgen diese zwei Phasen ohne Unterbrechung direkt aufeinander. Dies macht die gesamte Technik zu einer einheitlichen, glatten und reibungslosen Aktion. Der Angriff kann fortgesetzt werden, ohne in die Grundstellung zurückzukehren, entweder, indem man die selbe Technik wiederholt oder eine andere Folgetechnik verwendet. Folgetechniken sind so aufgebaut, daß eine ursprüngliche erste, vom Gegner entweder abgeblockte oder ihr Ziel verfehlende Technik ihn in eine folgende, tödliche Technik hineinlaufen läßt, ohne daß der Bajonettkämpfer in die Ausgangsstellung zurückkehren muß und ohne sein Gleichgewicht zu verlieren.

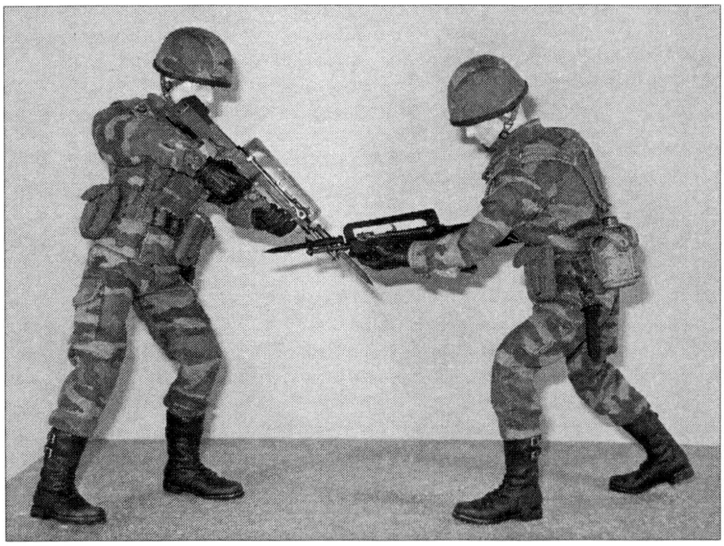

Wenn immer es möglich ist, ist jedoch dem Einsatz der Schußwaffe Vorrang zu geben, da der Feuerkampf im Nahkampf zur Ausschaltung des Gegners die allerwichtigste Rolle spielt. Wie schon vorher erwähnt, sollte für den Nahkampf daher die Schießausbildung auf kürzeste Entfernung (unter 30 m Kampfentfernung) Priorität haben. Dies trifft übrigens nicht nur auf das Militär, sondern auch auf Polizei, private Sicherheitsdienste und den Personenschutz zu. Der Waffenwirkung der Schußwaffe im Nahkampf ist Vorrang zu gewähren! Für Soldaten ist der Nahkampf ohne Feuerwaffen oder der unbewaffnete Zweikampf Mann gegen Mann ganz ohne jede Art von Waffen wie Bajonett, Kampfmesser, Klappspaten, Stock, Metallstange oder anderen provisorischer Waffen nur ein sehr kleiner Teil des tatsächlichen Nahkampfes. Selbst wenn Handfeuerwaffen oder Handgranaten nicht eingesetzt werden können oder sollen oder nicht zur Verfügung stehen, sollte der Soldat versuchen, andere Waffen oder Behelfsmittel einzusetzen. In den meisten Fällen wird er in der Lage sein, sich auf die eine oder andere Art und Weise zu bewaffnen, um den Kampf aufzunehmen. Erst wenn dies nicht möglich ist, wird es zum waffenlosen Nahkampf kommen. Häufig wird hierbei jedoch zumindest der Gegner irgendwie bewaffnet sein. Eine solide Nahkampfausbildung mit und ohne Waffen wird dem Soldaten die Grundlagen mitgeben, auf denen er sein Selbstvertauen aufbaut, um damit erfolgreich in den Einsatz gehen zu können und eine derartige Situation zu überleben.

Alle in diesem Handbuch gezeigten Techniken können nicht nur mit auf dem Gewehr aufgepflanztem Bajonett eingesetzt werden, sie sind ebenfalls mit dem Gewehr ohne Bajonett einsetzbar, wenn z.B. kein Bajonett verfügbar ist oder keine Zeit mehr besteht, dieses auf das Gewehr aufzupflanzen. Die Wirkung eines Stoßes mit der Mündung oder eines Schlages mit dem Lauf sind nicht zu unterschätzen. Es können auf diese Weise Ziegelsteine oder Bretter zerschlagen werden. Entsprechend ist ihre Wirkung auf Knochen. Es lassen sich dieselben Techniken ohne Bajonett auch mit herkömmlichen zivilen oder polizeilichen Langwaffen, Schrottflinten, Jagdgewehren, Scharfschützengewehren und selbst Maschinengewehren oder Maschinenpistolen einsetzen. Ebenfalls ist es ohne weiteres möglich, diese Techniken mit einem Langstock oder einer Metallstange durchzuführen.

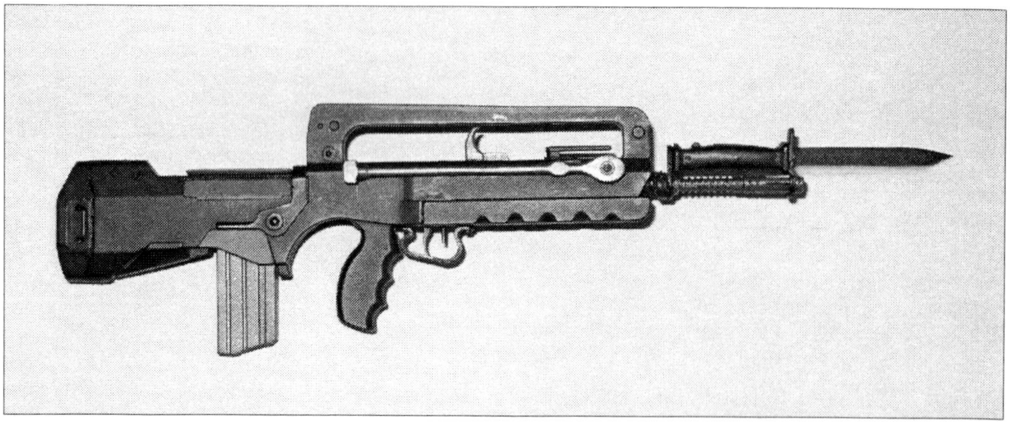

„Bullpup"-Sturmgewehr FAMAS mit aufgeplanztem Bajonett

Modifizierte Techniken für moderne „Bullpup"-Waffen

Bei den in zahlreichen Streitkräften in den letzten Jahren eingeführten sogenannten „Bullpup"-Sturmgewehren handelt es sich um kurzschaftige Schnellfeuergewehre, bei denen das Magazin hinter dem Abzug liegt bzw. der gesamte Verschlußteil im Kolben untergebracht worden ist, wodurch sich die Länge der Waffe im Vergleich zu herkömmlichen Schnellfeuergewehren stark verkürzt und die Waffe kompakter wird. Beispiele hierfür sind z.B. das britische SA-80, das österreichische AUG oder das in diesem Handbuch verwendete französische FAMAS. Viele der noch heute gelehrten Angriffs- und Verteidigungstechniken für den Bajonettkampf gehen zurück auf Techniken, die seit Ende des 19. bzw. Anfang des 20. Jahrhunderts entwickelt und gelehrt werden bzw. auf Techniken basieren, die schon ähnlich vor Jahrhunderten eingesetzt worden sind. Einige dieser Techniken, die mit Musketen, Gewehren, Sturmgewehren, Karabinern und anderen langschäftigen bzw. langläufigen Waffen sehr gut eingesetzt werden können, lassen sich heute mit diesen kurzen Sturmgewehren nur bedingt anwenden. Für diese Waffen können einige der Techniken modifiziert werden, da sie auf Grund der Waffengröße eine andere Handhabung erfordern. Ähnliches trifft auch zu auf viele heutige Sturmgewehre, die mit Klappschaft oder umlegbarer Schulterstütze ausgestattet sind. In den meisten Fällen sind diese Klappschäfte und Schulterstützen nicht wirklich stabil genug, um mit der Waffe Kolbenschläge, Kolbenstöße oder Kolbenhiebe auszuführen. Es besteht die Gefahr, daß die Waffe beschädigt wird. Im Ernstfall läßt sich dies jedoch vernachlässigen, denn wenn es darum geht, einen Gegner auszuschalten oder von ihm getötet zu werden, kann eine derartig ausgestattete Waffe dennoch für diese Angriffstechniken, neben Techniken wie Stich und Schnitt, bei denen die Klinge eingesetzt wird, verwendet werden. Um Beschädigungen beim Training zu vermeiden, sollten die Angriffstechniken mit diesen Waffen gegen Trainingsziele nur mit halber Geschwindigkeit ausgeführt werden. Volle Geschwindigkeit kann beim reinen Techniktraining und beim Kampf mit Übungswaffen eingesetzt werden, um die Techniken zu vervollkommnen.

Training des Bajonettkämpfers

Um ein erfolgreicher Bajonettkämpfer zu werden, muß der Soldat körperlich fit und geistig wachsam sein. Ein ausgewogenes Fitnesstraining wird seine Chancen verbessern, in einem Bajonettkampf, sowie in jedem anderen Nahkampf auch, zu überleben. Geistige Wachsamkeit bringt mit sich, in der Lage zu sein, einen gegnerischen Angriff aus jeder Richtung schnell erkennen und ihm begegnen zu können.

Aggressivität, Genauigkeit, Gleichgewicht und Schnelligkeit sind sowohl im Training als auch in Kampfsituationen entscheidend. Diese Eigenschaften führen zu Selbstvertrauen, Koordination, Kraft und Ausdauer, die einen guten Bajonettkämpfer auszeichnen. Unterschiede im Körperbau des Einzelnen mögen leichte Abweichungen von den hier in diesem Handbuch beschriebenen Bajonettkampftechniken erforderlich machen. Variationen in der Technik sind erlaubt, solange der Angriff des Einzelnen wirkungsvoll bleibt. Es muß nochmals angemerkt werden, daß exakte, präzise erlernte und einstudierte Techniken während des Trainings nicht das Ziel der Ausbildung sind. Mehr Wert ist darauf zu legen, daß der Einzelne die Vorteile aus seinem persönlichen Stil und Körperbau zieht. Dieses instinktive Bajonettkampfsystem ist darauf aufgebaut, aus der natürlichen Beweglichkeit und Wendigkeit und den Kampftechniken und Bewegungen des Soldaten Kapital zu schlagen.

Sowohl beim Training als auch im Kampf zeigt der Bajonettkämpfer seinen Kampfgeist, in dem er einen lauten und aggressiven Kampfschrei ausstößt. Dies flößt ihm ein Gefühl von Selbstvertrauen in seine Fähigkeiten ein, an den Gegner mit seinem Bajonett heranzugehen und ihn auszuschalten oder gefangenzunehmen. Durch diese auch in asiatischen Kampfkünsten eingesetzte Technik (Kiai) spannt sich die Bauchmuskulatur beim Kampfschrei an und hilft, den Rumpf zu stabilisieren, wenn die Technik ausgeführt wird, um sie insgesamt stärker zu machen. Sie hat somit nicht nur einen psychologischen, sondern auch einen körperlichen Effekt. Wenn Lautlosigkeit beim Einsatz des Bajonetts erforderlich ist, bleibt dieser Kampfschrei natürlich aus.

Grundlagen des Bajonettkampfes

Das Bajonett ist eine wirkungsvolle Waffe, die aggressiv einzusetzen ist. Der Bajonettkämpfer sollte aggressiv, unbarmherzig, hart und entschlossen sein. Hierin liegt der Schlüssel zum Erfolg beim Bajonettkampf. Der Soldat muß einen unnachgiebigen Angriff führen, bis sein Gegner entweder ausgeschaltet ist oder sich ergibt. Er darf niemals in seinem Angriff innehalten, bevor er nicht seinen Gegner ausgeschaltet hat. Er muß jedem harten Angriff mit einem weiteren folgen, immer daran denkend, daß sein Gegner ihn töten wird, falls er ihn nicht vorher außer Gefecht setzt. Zögern, Abwarten und überflüssiges Herumbewegen kann zu seinem sofortigen Tod führen. Das Hauptziel des Bajonettkämpfers ist schlicht und einfach, seine Klinge in den Gegner zu bringen. Alle Verteidigungsbewegungen, Kolbenstöße und Beinarbeit arbeiten auf dieses Endziel hin. Sie sind Aktionen, die es dem

Bajonettkämpfer ermöglichen, seine Klinge hineinzustoßen, denn es ist die Klinge, die tödlich ist.

Gezielt wird auf die lebenswichtigen Ziele des Gegners. Angriffe sollten immer gegen einen verwundbaren Teil des Körpers geführt werden. Die besten Ziele im Bajonettkampf sind Gesicht, Kehle, Brust, Bauch oder Unterleib, aber auch Rumpfseiten und Nierengegend bieten sich als gute Ziele für Schnitte und Kolbenschläge an, wenn sie ungedeckt sind oder man seitlich und hinter den Gegner gelangt. Die Kehle ist von vorne das beste Ziel, aber Bauch und Brust sind ebenfalls verwundbar. Wenn der Gegner versucht, ein lebenswichtiges Ziel zu verteidigen, greift der Bajonettkämpfer ein anderes an. Er haut, schneidet und schlitzt gegen Gesicht, Arme und Hände, um an die lebenswichtigen Ziele heranzukommen. Er setzt Kolbenschläge mit maximaler Wirkung ein, um Öffnungen in der gegnerischen Deckung zu schaffen. Er setzt die Kolbenstöße hart und aus nächster Nähe ein und geht dann vor, um mit Kraft seine Klinge oder den Gewehrkolben in das Ziel zu bringen. Er sollte wachsam sein, um jede Deckungslücke auszunutzen. Falls der Gegner keine Öffnung bietet, schafft er eine, indem er die gegnerische Waffe pariert und sie zur Seite schlägt.

Falls erforderlich, schützt sich der Bajonettkämpfer mit Blöcken und Paraden. Gewehr und Bajonett bilden ein gutes Schild. Die beste Verteidigung ist jedoch, dem Gegner nicht zu erlauben, die Offensive zu ergreifen. Der erfolgreiche Bajonettkämpfer schlägt zuerst zu und folgt dann mit tödlichen Techniken nach. Training und Übung sind der einzige Weg, um die richtige Form, Genauigkeit, Beweglichkeit und Schnelligkeit mit dem Gewehr und den Beinen zu erreichen. Übung und Training in diesen Fertigkeiten führen zu Koordination, Gleichgewicht, Schnelligkeit und Ausdauer. Der Bajonettkämpfer muß mit dem Üben dieser Techniken fortfahren, bis sie ihm in Fleisch und Blut übergegangen sind und sein Angriff für ihn so natürlich geworden ist wie das Laufen. Es gibt keine sportliche Fairness in einem Bajonettkampf. Es geht darum, auf dem Gefechtsfeld zu überleben. Der Gegner muß nicht bloß besiegt, sondern kampfunfähig gemacht und ausgeschaltet werden.

KAMPFSTELLUNG

Die grundlegende Ausgangsstellung für den Einsatz aller Techniken im Bajonettkampf, d.h. sowohl für das Ausführen als auch das Zurückführen, ist die Kampfstellung, manchmal auch als „Deckungsstellung" bezeichnet. Aus dieser Stellung heraus können alle hier beschriebenen Techniken ausgeführt werden. Dies schließt Techniken ein, um einen Gegner anzugreifen, Bewegungen, um die Richtung zu ändern, die Beinarbeit sowie Blocktechniken und Paraden. In diesem System ist es nicht erforderlich, zahlreiche Kampfstellungen zu erlernen. Die Bewegungen sind natürlich, instinktiv und einfach und schnell zu lehren, zu erlernen und auszuführen. Sowohl die Kampfstellung selbst als auch die Beinarbeit ähneln stark den bekannten Techniken des Boxens. Obwohl die Hände in einer relativ unbeweglichen Position gehalten werden, sehen die Arm- und Fußbewegungen, Finten, Schnelligkeit der Ausführung, Gleichgewicht und die Körperhaltung sich bemerkenswert ähnlich. In diesem System werden Gewehr und Bajonett sowohl wie ein Knüppel oder Langstock, als auch wie ein Speer oder Schild eingesetzt

Bei den Beschreibungen der Techniken werden die ungefähren Entfernungen angeben. Diese Entfernungen können leicht angepaßt werden, um sie dem Einzelnen entsprechend seines Körperbaus oder seines Kampfstils besser anzupassen. Alle Techniken sind hier für rechtshändige Bajonettkämpfer beschrieben. Linkshänder, oder diejenigen, die diese Techniken linkshändig ausführen oder trainieren wollen, führen sie einfach seitenverkehrt aus.

Das Gewehr mit aufgepflanztem Bajonett wird in den Händen eines trainierten Bajonettkämpfers zu einer tödlichen Kombination aus Speer, Schwert, Knüppel und Schild. Es wird sowohl zum Angriff als auch zur Verteidigung eingesetzt und dabei die Länge der Waffe entsprechend ausgenutzt.

Kampfstellung

Wie beim Boxen auch ist die Kampfstellung des Bajonettkämpfers die sogenannte Deckungsstellung. Der Bajonettkämpfer ist in dieser Grundstellung entspannt und wachsam. Die Angriffsbewegungen beginnen aus dieser Stellung. Jede Technik besteht aus einem Angriff und dem Zurückführen. Das Zurückführen ist eigentlich nur ein Zurückkehren in die Ausgangsstellung. Beim Ausführen einer Technik folgen diese Phasen direkt aufeinander, ohne jede Unterbrechung, wodurch die ganze Technik zu einer einheitlichen Aktion wird. Der Angriff kann aber auch fortgesetzt werden, ohne in die Ausgangsstellung zurückzukehren, indem die selbe Technik wiederholt oder eine andere Technik eingesetzt wird. In der Grundstellung ist der Bajonettkämpfer bereit, in den gegnerischen Angriff hineinzugehen, um seinen

Kampfstellung (Vorderansicht)

Gegner abzuwehren. Die Abbildungen auf dieser Seite zeigen die Vorder- und Seitenansicht eines Bajonettkämpfers in dieser Kampfstellung.

Die Füße stehen etwa schulterbreit auseinander. Der linke Fuß steht ungefähr 15 cm weiter vorn, d.h. die linke Ferse befindet sich etwa auf einer Linie mit der rechten Fußspitze. Diese Beinstellung gewährleistet ein stabiles Gleichgewicht bei gleichzeitiger Möglichkeit, sich bei Angriff oder Verteidigung schnell in jede gewünschte Richtung zu bewegen. Eine mehr seitlich stehende Kampfstellung verkleinert zwar die Angriffsfläche des Körpers, erschwert es aber, den Körper bei der Ausführung von Kolbenschlägen und Kolbenstößen schnell genug über das vordere Standbein herumzudrehen. Dem Gegner würde es dadurch leichter gemacht, sich gegen den bevorstehenden Angriff zu verteidigen, da ihm mehr Zeit für die Abwehr zur Verfügung steht.

Auch die Körperhaltung ähnelt stark der des Boxens. Der Körper wird von der Hüfte aus leicht nach vorne gebeugt gehalten, kann aber auch, falls dies komfortabler ist, nahezu aufrecht gehalten werden. Die Knie sind leicht gebeugt, und das Körpergewicht ist gleichmäßig auf beiden Fußballen verteilt. Der rechte Ellbogen befindet sich etwas vor der rechten Hüfte in einer entspannten, natürlichen Haltung, und der rechte

Kampfstellung (Seitenansicht)

Unterarm wird ungefähr parallel zum Boden gehalten, abhängig von der Größe des Einzelnen sowie der verwendeten Waffe. Der Kopf wird relativ aufrecht gehalten, um zu ermöglichen, ständigen Blickkontakt mit dem Gegner zu halten. Der Gesichtsausdruck des Gegners, insbesondere seine Augen, können den Bajonettkämpfer vorwarnen über dessen Absichten. Aber der Bajonettkämpfer muß ebenfalls die Füße und Hände des Gegners mit seiner peripheren Sicht im Blickfeld behalten.

Die Hände halten das Gewehr gut, aber nicht verkrampft, fest. Die linke Hand greift das Gewehr am vorderen Handschutz, kurz unterhalb der Trageschlaufe für den Trageriemen. Die rechte Hand umfaßt das obere Ende des Kolbens bzw. der Schulterstütze oberhalb des Griffs. Der rechte Arm ist leicht gebeugt, wobei er eine feste und solide Position bildet.

Das Gewehr wird so gehalten, daß es eine gedachte Linie halbiert, die vom Hals zur linken Schulter führ, d.h. also ungefähr in einem 45 Grad Winkel. Die Schneide des Bajonetts zeigt zum Gegner hin oder, falls dies wie bei Bullpup-Gewehren auf Grund des breiteren Kolbens häufig der Fall sein wird, zur Seite. Das Gewehr wird in ausreichendem Abstand vor der Brust gehalten, um zum Gleichgewicht des Bajonettkämpfers beizutragen, für gewöhnlich etwa 25 cm bis 40 cm entfernt. Diese Haltung der Arme schützt den Körper des Bajonettkämpfers vor den Angriffen des Gegners und erlaubt ihm Block- und Paradetechniken aus der Kampfstellung heraus. Wird die Waffe zu dicht am eigenen Körper gehalten, fehlt die notwendige Pufferzone und der Abstand zum Gegner. Es besteht die Gefahr, daß dessen Angriffe auch bei erfolgreicher Abwehr noch ihr Ziel erreichen können. Wenn die Waffe zu weit vor dem eigenen Körper gehalten wird, ermüden die Arme zu schnell, was zu Verkrampfungen und Anspannungen der beteiligten Muskeln führen kann. Dies wiederum führt dazu, daß die eigenen Techniken langsamer werden. Auch besteht bei dieser Haltung die Gefahr, daß der Bajonettkämpfer sein Gleichgewicht leichter verliert, wenn er eine Technik ausführt. Dem Gegner wird es außerdem leichter gemacht, die eigene Waffe mit seiner Waffe beiseite zu schlagen, da eine weiter vor dem eigenen Körper gehaltene Waffe schwerer zu kontrollieren ist. Das Gewehr wird auch deshalb relativ dicht am Körper gehalten, um dem Gegner das Ergreifen der Waffe bei einer Abwehrtechnik zu erschweren und um eine bessere Kontrolle über die Waffe zu behalten.

Bei Angriffen sind Ausholbewegungen mit dem Gewehr zu vermeiden, da diese den Gegner von dem beabsichtigten Angriff vorwarnen können und ihm die Möglichkeit geben, sich auf den Angriff vorzubereiten oder seinerseits einen Gegenangriff zu starten, um dem eigenen Angriff zuvorzukommen.

Sofort nach jeder Angriffstechnik wird das Gewehr wieder in die Ausgangsstellung zurückgeführt, um dem Gegner das Ausführen eines Gegenangriffs zu erschweren. Es darf kein „Einfrieren“ am Ende der Ausführung einer Technik geben, da dies dem Gegner ermöglichen kann, die eigene Waffe zu ergreifen oder zum Gegenangriff überzugehen, während der Bajonettkämpfer ungedeckt dasteht.

Angriffs- und Abwehrtechniken mit dem Bajonett können mit Trittechniken kombiniert werden, was die Chancen auf einen Erfolg erhöht, da es dem Gegner die Abwehr erheblich erschwert. Die Tritte sollten nicht über Gürtelhöhe gehen, da hoch angesetzte Tritte es dem Gegner erleichtern, diese abzuwehren oder das Bein zu ergreifen. Gleichzeitig wird der Bajonettkämpfer bei ihrer Ausführung aus dem Gleichgewicht gebracht. Ziele für Fußtritte können der Unterleib, das Knie, Schienbein, Fußgelenk oder ein Stampftritt auf den Fuß sein. Diese Ziele sind leicht zu erreichen und nur schwer zu verteidigen, insbesondere, wenn der Gegner sich auf die Abwehr des Bajonetts konzentriert, also nicht auf einen tiefen Angriff unterhalb der Gürtellinie oder am Rand bzw. außerhalb seines Blickfelds vorbereitet ist.

Ein Kampfschrei kann vor dem Angriff wirkungsvoll sein, um den Gegner zeitweise zu betäuben und ihn kurzfristig innehalten zu lassen. Der Kampfschrei sollte ein kurzer, lauter Schrei oder ein tiefes Knurren sein, etwa in der gleichen Art ausgeführt wie von einem Tiger, direkt bevor er sich auf sein Opfer stürzt. Dieses Kampfgebrüll fügt ein Gefühl der Aggressivität, des Selbstbewußtseins und der Kraft und Kampfstärke zu jeder Angriffstechnik hinzu.

BEINARBEIT

Richtige Beinarbeit muß eingesetzt werden, um dem Bajonettkämpfer zu ermöglichen, sein Gleichgewicht und die Beweglichkeit seines Körpers zu jeder Zeit zu behalten und dadurch in der Lage zu sein, wirkungsvolle Angriffstechniken auszuführen. Die Füße werden etwas vom Boden angehoben und in einer schnellen Bewegung mit einem leichten Stampfen aufgesetzt. Auch hier sieht die Technik der Beinarbeit im Boxen ähnlich. Die Füße gleiten jedoch nicht wie beim Boxen im Ring oder beim Kampfsport auf der Matte über den Boden! Auf dem Gefechtsfeld gibt es zahllose Hindernisse und Gegenstände, die einen Bajonettkämpfer, der seine Füße über den Boden gleiten läßt, zum Stolpern und zu Fall bringen können. Ein Fuß wird zu jeder Zeit auf dem Boden gehalten. Man bringt niemals beide Füße dicht zusammen oder macht einen Überkreuzschritt, da dies zu einer Verwundbarkeit des eigenen Gleichgewichts beim leichtesten Angriff oder Stoß führt. Die hier beschriebene Beinarbeit dieses Systems wird mit einem Schritt nach vorne, nach hinten oder zu einer der beiden Seiten ausgeführt. Die Haltung der Waffe bleibt während der Ausführung der Schritt- und Drehbewegungen unverändert, solange keine Angriffs- oder Abwehrtechnik ausgeführt wird.

Vorwärtsschritt

Um nach vorne zu gehen, schreitet man etwa 40 cm mit dem linken, vorderen Fuß

Vorwärtsschritt

nach vorn und folgt sofort mit dem rechten, hinteren Fuß nach, um wieder die Kampfstellung einzunehmen. Siehe Abbildungen auf der vorherigen Seite mit einer Darstellung des Vorwärtsschritts.

Der Vorwärtsschritt beim Angriff sollte nicht zu lang und weit ausgeführt werden, da sich dies nachteilig auf das eigene Gleichgewicht auswirkt und eine schnelle Bewegung aus einer tiefen Stellung heraus, in der die Füße weit auseinanderstehen, erschwert wird. Eine tiefe, niedrige Stellung verbessert zwar die Standfestigkeit, verringert aber die Beweglichkeit und Schnelligkeit erheblich.

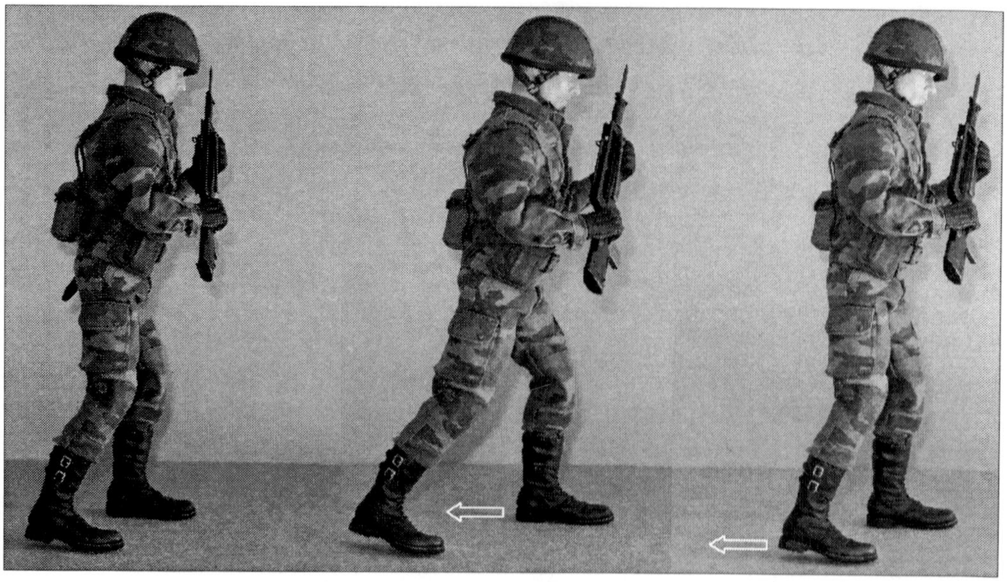

Rückwärtsschritt

Rückwärtsschritt

Um nach hinten zu gehen, folgt man dem gleichen Vorgang wie beim Vorwärtsschritt, mit der Ausnahme, daß der rechte Fuß zuerst um etwa 40 cm nach hinten gesetzt wird und dann der linke Fuß nachfolgt. Es ist zu betonen, daß dieser Rückwärtsschritt eine reine Defensivtechnik ist und wenn immer möglich vermieden werden sollte, da der Erfolg im Bajonettkampf im Angriff und in einer aggressiven Kampfführung liegt und es besser ist, vorzugehen und weiter anzugreifen, als sich vom Gegner zurück und in die Defensive drängen zu lassen, die leicht mit dem Tod enden kann. Siehe die oben stehenden Abbildungen, die den Ablauf des Rückwärtsschritts zeigen.

Seitwärtsschritt nach rechts

Um nach Rechts zu gehen, macht man mit dem rechten Fuß einen Schritt von ungefähr 40 cm nach rechts und folgt dann sofort mit dem linken Fuß über die gleiche Entfernung nach, so daß man wieder in der Kampfstellung steht. Um sich

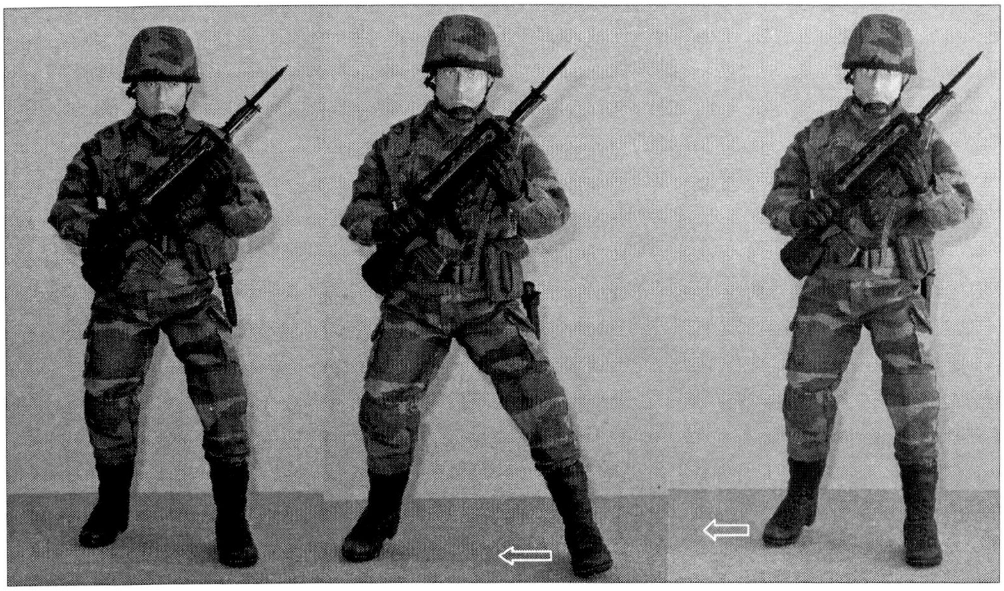

Seitwärtschritt nach rechts

weiter nach rechts vorne zu bewegen, macht man eine teilweise Drehung (die Ausführung der Drehung wird im Anschluß an die Schrittechniken beschrieben) nach rechts und bewegt sich dann mit kurzen Vorwärtsschritten in die gewünschte Richtung. Die obenstehenden Abbildungen zeigen, wie der Seitwärtsschritt nach rechts ausgeführt wird.

Seitwärtsschritt nach links

Um nach links zu gehen, folgt man dem gleichen Vorgang wie beim Schritt nach

Seitwärtschritt nach links

rechts, ausgenommen, daß man mit dem linken Fuß etwa 40 cm nach links geht und dann mit dem rechten Fuß nachfolgt. Um sich nach links vorne zu bewegen, macht man eine teilweise Drehung nach links und dann weitere kurze Schritte nach vorne in die gewünschte Richtung. Siehe die Abbildungen unten auf der Vorseite für eine Darstellung der Technik des Seitwärtsschritts nach links.

Drehung auf dem linken Fuß gegen den Uhrzeigersinn

Drehung

Zum Herumdrehen und zum Richtungswechsel wird die Drehung eingesetzt, um sich einem Gegner zuzuwenden, der nicht direkt vor dem Bajonettkämpfer steht. Drehbewegungen werden normalerweise ausgeführt, indem man sich auf dem Fuß der Seite herumdreht, in welche die Richtungsänderung ausgeführt werden soll. D.h. es wird sich auf dem Fuß gedreht, der dem Gegner am nächsten steht. Bei einer Drehung nach links wird sich gegen den Uhrzeigersinn auf dem linken Fuß herumgedreht (siehe Abbildungen oben, die diese Drehung zeigen), bei einer Drehung nach rechts erfolgt diese im Uhrzeigersinn auf dem rechten Fuß. Falls es dem Bajonettkämpfer leichter fällt oder es auf Grund des Abstands zum Gegner, bei einem überraschenden gegnerischen Angriff bzw. bei einer Ausweichbewegung einfacher ist, kann die Drehung in jede Richtung auf irgendeinem der Füße ausgeführt werden. Den meisten Soldaten fällt es erfahrungsgemäß leichter, für Drehungen in beide Richtungen immer das linke Bein als Standbein für die Drehung in jede Richtung zu verwenden.

Das Gewehr mit aufgepflanztem Bajonett wird während der Ausführung der Drehung weiterhin in der Grundposition gehalten, um auch weiterhin sofort angriffs- und abwehrbereit zu sein, wenn die Kampfstellung nach Abschluß der Technik wieder eingenommen wird.

Mit dieser Drehtechnik ist es ohne Probleme möglich, sich um 180 Grad nach links oder rechts, also im oder gegen den Uhrzeigersinn zu drehen, auch, um einem im

Rücken von hinten angreifenden Gegner entgegentreten zu können. Es ist nicht notwendig, die gesamten 180 Grad herumzudrehen, falls das vorherige Abstoppen es dem Bajonettkämpfer ermöglicht, seinem Gegner, der sich in einem Winkel zu ihm selbst befindet, gegenüberzustehen. Man kann also auch nach 45 Grad, 60 Grad oder 90 Grad in jeder Richtung abstoppen, um einem dort stehenden Gegner gegenüberzutreten. Sie bietet eine bessere Standfestigkeit und ein besseres Gleichgewicht als z.B. ein Herumspringen und dabei gleichzeitig erfolgendes Drehen um die eigene Körperachse um 180 Grad in der Luft, wie es in anderen Systemen gelehrt wird. Bei der hier gelehrten Drehung besteht ein ständiger Bodenkontakt mit einem Fuß des Standbeins.

ANGRIFFSTECHNIKEN

Es gibt sieben grundlegende Angriffstechniken in diesem Bajonettkampfsystem, die interessanterweise in ganz ähnlicher Weise auch in den verschiedenen Langstockkampfstilen ausgeführt werden: Stich, Schnitt, Seitwärtsschnitt, Kolbenschlag aufwärts, Kolbenschlag seitwärts, Kolbenstoß und Waffenstoß. Die für Hände, Füße und Körper beschriebenen Bewegungen werden jeweils gleichzeitig ausgeführt, sowohl beim Angriff als auch beim Zurückführen in die Kampfstellung. D.h. der ganze Körper ist bei der Ausführung der Angriffstechnik in Bewegung und nicht erst die Beine, dann der Körper und dann die Arme. Es ist eine einzige, flüssige Bewegung auszuführen. Alle hier beschriebenen Angriffstechniken werden grundsätzlich aus der Kampfstellung heraus (siehe Beschreibung weiter vorne) als Ausgangsstellung ausgeführt. Zum Erlernen der einzelnen Angriffstechniken ist es am einfachsten, sie zuerst aus dieser Grundstellung auszuführen. Später werden die Techniken auch aus dem Hüftanschlag, dem Schulteranschlag oder beim Vorgehen (z.B. mit der Mündung nach unten zeigend und dem Kolben an der Schulter gehalten) trainiert. Variationen dieser grundlegenden Angriffstechniken, bezogen auf die Trageweise der Waffe oder die Art der Waffe, werden im folgenden Text bei den einzelnen Techniken beschrieben.

Im Gegensatz zu früher hat sich die Ausrüstung des Soldaten auf dem heutigen Gefechtsfeld sehr stark verändert. Doch trotz moderner Splitterschutzwesten, Kevlarhelme und Ausrüstungstragewesten, die Kopf und Rumpf schützen bzw. ihn mit weiteren Ausrüstungsgegenständen umgeben, sind die hier gezeigten Angriffstechniken erfolgreich einzusetzen. Auch wenn die direkte Stich- und Schlagwirkung einiger Angriffstechniken durch das Auftreffen auf Helme, Schutzwesten oder Ausrüstungsgegenstände abgeschwächt wird, kann die Wirkung dennoch durch Folgetechniken erhöht werden, die solange in einer Angriffsserie eingesetzt werden, bis der Gegner ausgeschaltet ist. Die Kombination aus Gewehr und Bajonett hat hierbei im Vergleich zum unbewaffneten Nahkampf bei Angriffen mit bloßen Händen den großen Vorteil, daß erheblich mehr Kraft und die hinter der Waffe steckende Körpermasse mit einer scharfen Klinge bzw. harten Schlagfläche ins Ziel gebracht werden kann und so eine weit höhere Wirkung im Ziel hinterläßt als ein Faustschlag oder Fußtritt allein.

Es ist darauf zu achten, daß hier sowohl die einzelnen Angriffs- als auch die Abwehrtechniken und darauf folgenden Gegenangriffe immer nur als Einzeltechniken beschrieben werden, nach deren Ausführung der Bajonettkämpfer in die Grundstellung zurückkehrt. Dies dient nur zu Trainingszwecken, um das Erlernen der einzelnen Techniken zu erleichtern. Wie bereits weiter vorne erwähnt, muß der Bajonettkämpfer unbedingt solange weiter angreifen, bis der Gegner ausgeschaltet ist. Je nach Lage bleibt es ihm frei überlassen, welche Angriffstechniken er in einer Serie ohne Pausen dazwischen einsetzt, um dieses Ziel mit Erfolg zu erreichen. In einem weiteren Abschnitt dieses Buches werden die praktischsten und am einfachsten zu erlernenden und auszuführenden Kombinationen dieser Techniken vorgestellt. Beim Freikampf mit Übungswaffen ist später daher besonderer Wert darauf zu legen, daß eine Angriffserie anstatt einzelner Techniken eingesetzt wird.

Modifizierte Angriffstechniken

Einige der Angriffstechniken sind modifiziert worden, um dem Bajonettkämpfer zu erlauben, den Angriff gegen einen Gegner auszuführen, ohne seine Hand erst vom Pistolengriff des Sturmgewehrs nehmen zu müssen oder seine Waffe aus dem Schulteranschlag herunter zu nehmen, sollte die Lage es erfordern. Dies kann dann erforderlich sein, wenn ein Gegner plötzlich und überraschend auftaucht und keine Zeit mehr bleibt, die normale Kampfstellung einzunehmen, oder wenn die Waffe im Schulter- bzw. Hüftanschlag gehalten wird, aber nicht abgefeuert werden kann (Ladehemmung, leergeschossenes Magazin, Gefährdung unbeteiligter Personen o.ä.). Außerdem gibt es noch speziell für die sogenannten Bullpup-Gewehre entwickelte Varianten für den Bajonettstich und den Schnitt, die die Reichweite und Reaktionszeit bei der Anwendung dieser Techniken mit Bullpup-Waffen erhöhen.

Stich

Dies ist die klassische Bajonettkampftechnik schlechthin. Der Stich ist besonders wirkungsvoll in einengendem Gelände wie in Schützengräben, im Wald, zwischen Fahrzeugen oder in Gebäuden, also überall dort, wo wenig oder kein seitlicher Bewegungsspielraum zur Verfügung steht. Er kann je nach Situation über lange oder kurze Distanz eingesetzt werden. Auch bietet er sich an, um einen zu Boden

Stich zum Bauch

gestürzten oder sich dort im liegenden Anschlag befindenden Gegner mit dem Bajonett auszuschalten. Der Stich wird folgendermaßen ausgeführt:

1. Aus der Kampfstellung heraus bewegt man die linke Hand diagonal nach rechts unten quer vor den Körper, dabei den linken Arm voll durchstrecken. Zu diesem Zeitpunkt sollte die Klinge mit der Spitze auf den Gegner zeigen und kann flach, d.h. waagerecht zum Boden, gehalten werden, falls die Bauweise des vorderen Handschutzes und des Kolbens der eigenen Waffe dies erlauben. Diese Klingenhaltung hat den Vorteil, daß bei einem Stich zur Brust die dann waagerecht stehende Klinge leichter zwischen den waagerecht liegenden Rippen hineinstechen kann und nicht direkt in einem Knochen des Brustkorbs steckenbleibt, wie dies häufig bei Messerstichen geschieht, die mit weit weniger Kraft ausgeführt werden als ein Bajonettstich. Zur gleichen Zeit zieht man den Kolben bzw. die Schulterstütze mit der rechten Hand nach hinten, bis die Oberseite des Kolbens dem Hüftknochen gegenüberliegt und der rechte Unterarm auf der flachen Außenseite des Kolbens ruht. Siehe Abbildungen unten auf der Vorseite.

2. Mit der Klinge auf die Körpermitte des Gegners zwischen Bauch und Kehle zielen (Bei Waffen ohne aufgepflanztem Bajonett oder bei Stöcken o.ä. bietet sich auch ein Stich mit der Mündung bzw. dem Stockende zum Kopf an).

3. Gleichzeitig Schritt vorwärts über etwa 40 cm mit dem linken Fuß, dabei mit den Schultern und Armen vorwärts stoßen und mit der Klinge zustechen und Kampfschrei ausstoßen. Der Vorwärtsschritt bringt das eigene Körpergewicht hinter den Angriff (ähnlich wie bei einem Fauststoß im Boxen, der gleichzeitig mit einem Vorwärtsschritt ausgeführt wird) und verkürzt den Abstand zum Gegner, so daß man sich beim Angriff nicht zu weit nach vorne lehnt und sein Gleichgewicht verlieren kann.

4. Nach erfolgreicher Ausführung Zurückziehen der Klinge und herunter- und vorwärtsbringen der rechten Hand, während die linke Hand zurückgeführt wird. Schritt vorwärts mit dem rechten Fuß und einnehmen der Kampfstellung.

Stich mit Hand am Pistolengriff aus dem Hüftanschlag heraus

<u>Stich mit Hand am Pistolengriff</u>

Der modifizierte Stich entspricht dem normalen Stich wie zuvor beschrieben, mit der Ausnahme, daß die rechte Hand am Pistolengriff bleibt. Er bietet sich besonders dann an, wenn das Gewehr im Hüftanschlag gehalten wird bzw. beim Vorgehen mit schußbereiter Waffe. Siehe Abbildung unten auf der Vorseite.

Stich mit Bullpup-Gewehr aus dem Schulter- oder Hüftanschlag

Stich mit Bullpup-Gewehr

Bei Bullpup-Gewehren kann die rechte Hand das Gewehr an der Kolbenkappe umfassen. Dadurch erhöht sich bei diesen kürzeren und kompakteren Waffen beim Stich im Vergleich zur Technik mit der Hand am Pistolengriff die Reichweite und die Stoßkraft. Diese Variante kann sowohl aus der Kampfstellung als auch aus dem Schulter- oder Hüftanschlag heraus ausgeführt werden. Siehe Abbildung links.

Stich aus dem Schulteranschlag

Diese Variante ist die schnellste der hier dargestellten Stichtechniken. Sie bietet bessere Reaktionsmöglichkeiten aus dem Schulteranschlag mit der Hand am Pistolengriff, ohne erst die Waffe von der Schulter zu nehmen und in die Grundhaltung der Kampfstellung zu bringen, und ermöglicht ein schnelleres Wiedererlangen der Feuerbereitschaft, hat aber dafür eine geringere Kraftwirkung im Ziel sowie eine kürzere Reichweite. Siehe Abbildung rechts.

Stich aus dem Schulteranschlag mit kurzem Vorwärtsschritt

Vermeidung der häufigsten Fehler beim Stichangriff

Es folgen die bei der Ausführung des Bajonettstichs am häufigsten vorkommenden Fehler, die unbedingt zu vermeiden sind:

1. Es besteht kein fester Kontakt zwischen Hand und Kolben oder Schulterstütze bzw. bei Bullpup-Gewehren mit der Kolbenkappe. Dadurch rutscht das

Gewehr bei Ausführung des Angriffs und Auftreffen im Ziel, oder wenn es dem Gegner gelingt, den Angriff abzublocken, aus der Hand.

2. Der Stich wird zu weit von außen her angesetzt, wodurch die eigene Deckung geöffnet wird und keine gerade Kraftlinie zum Ziel mehr besteht. Auch geht man dabei von der schnellsten Bewegung und der kürzesten Entfernung zum Ziel ab. Dem Gegner kann es dadurch ermöglicht werden, den eigenen Angriff abzublocken oder auf der Innenbahn zu einem Gegenangriff anzusetzen, der dem eigenen Angriff zuvorkommt.

3. Die im Schulteranschlag gehaltene Waffe wird zur Ausführung des Angriffs heruntergenommen und abgesenkt, und erst danach erfolgt der Stich. Dies führt zu einem unnötigen Zeitverlust und geht von der geraden, direkten Linie zum Ziel ab. In dieser Position sollte direkt von der Schulter aus mit der Hand am Pistolengriff der Stich ausgeführt werden.

4. Es wird mit der Waffe nach hinten ausgeholt, d.h. das Gewehr wird erst an der rechten Hüfte vorbei nach hinten geführt, um durch diese Bewegung mehr Stoßkraft in den Angriff zu bringen. Dies führt zu einem Zeitverlust, und kann den Gegner vorwarnen und ihm die Möglichkeit geben, den bevorstehenden Angriff noch rechtzeitig abzuwehren oder ihm auszuweichen.

Schnitt

Der Schnitt bietet eine gute Kraftwirkung und zahlreiche Einsatzmöglichkeiten gegen verschiedene verwundbare Ziele. Er wird dann eingesetzt, wenn ein Stich

Schnitt zum Hals

unzweckmäßig ist, da der Schnitt eine kürzere Bewegung benötigt und den Angriff über eine kürzere Entfernung erlaubt. Ziele sind Hals, Brust oder Bauch. Er kann aber auch gegen Gesicht, Hände, Arme und Beine eingesetzt werden, um die Deckung des Gegners zu öffnen. Der Schnitt wird folgendermaßen ausgeführt:

1. Aus der Kampfstellung heraus Schritt vorwärts über etwa 40 cm mit dem linken Fuß, rechter Fuß bleibt als Standbein am Boden.

2. Die rechte Hand wird unverändert gehalten, den linken Arm fast vollständig ausstrecken, während der Kolben bzw. die Schulterstütze mit dem rechten Arm zurückgezogen wird. Die Schneide des Bajonetts diagonal vorwärts und abwärts in einem schneidenden Bogen schwingen, der vorzugsweise gegen den Halsbereich des Gegners zielt.

3. Der Schritt vorwärts und die Streckung des linken Arms werden gleichzeitig ausgeführt. Der Vorwärtsschritt fügt Kraft zur Schnittbewegung hinzu, da das Körpergewicht hierbei in den Schnitt mit hineingelegt wird.

4. Bei voller Streckung des linken Arms, wenn die Technik vollendet ist, sollte das Bajonett horizontal zum Boden gehalten werden. Der linke Arm ist ausgestreckt, und der recht Unterarm liegt am Gewehrkolben an, etwa auf Taillenhöhe. Die Wucht des Schnitts wird durch eine Drehung aus der Hüfte und mit dem Oberkörper nach rechts verstärkt, wobei sich die Füße leicht im Uhrzeigersinn drehen (diese Bewegung ähnelt einem linken Haken im Boxen).

5. Zum Zurückführen in die Kampfstellung den linken Arm beugen und zurückführen, wodurch das Gewehr sich in der rechten Hand dreht, d.h. die rechte Hand als Drehpunkt benutzt wird. Einen Schritt vorwärts mit dem rechten Fuß machen und den Körper leicht nach vorne gegen den Uhrzeigersinn drehen, um dem Gegner wieder direkt frontal gegenüberzustehen.

Schnitt mit der Hand am Pistolengriff zur Brust

Schnitt mit Hand am Pistolengriff

Der modifizierte Schnitt entspricht dem normalen Schnitt wie oben beschrieben, mit der Ausnahme, daß die rechte Hand am Pistolengriff bleibt. Sie bietet sich besonders dann an, wenn das Gewehr im Hüftanschlag gehalten wird bzw. beim Vorgehen mit schußbereiter Waffe. Siehe Abbildung links.

Seitwärtsschnitt zum Bauch

Seitwärtsschnitt

Eine Variante dieser Technik ist auch als Horizontalschnitt bekannt. Der Unterschied zum normalen Schnitt besteht darin, daß der Bajonettkämpfer den Schnitt waagerecht anstatt diagonal ausführt. Man geht mit dem linken Fuß vor und dreht den Körper nach rechts, indem man sich auf dem rechten Fuß etwas im Uhrzeigersinn dreht. Zum selben Zeitpunkt bringt man das Gewehr mit dem Bajonett in eine ungefähr waagerechte Position vor dem Körper. Gleichzeitig wird der rechte Arm vor dem Körper entlang zur rechten Seite nach hinten gezogen, und eine hakenartige Aktion wird mit dem linken Arm ausgeführt (wie bei einem linken Körperhaken beim Boxen). Dieser Schnitt wird auf einer horizontalen Ebene ausgeführt und kann gegen den Hals, die Rumpfseite oder den Bauch des Gegners eingesetzt werden. Siehe Abbildungen oben.

Vermeidung der häufigsten Fehler beim Schnitt

Es folgen die bei der Ausführung der Schnittechniken am häufigsten vorkommenden Fehler, die unbedingt zu vermeiden sind:

1. Es wird mit der Waffe zum Schnitt ausgeholt, so daß das Gewehr über die linke Schulter gehoben wird, bevor mit der Klinge angegriffen wird, um hierdurch mehr Schwung zu erzeugen. Dies öffnet die eigene Deckung, führt zu einem unnötigen Zeitverlust beim Ausführen der Technik und bietet dem Gegner die Möglichkeit, den eigenen Angriff noch rechtzeitig abzublocken oder ihm auszuweichen.

2. Der Schnitt wird aus einer zu großen Entfernung zum Gegner ausgeführt, wobei der Oberkörper zu weit vorgelehnt wird bzw. die Arme zu weit nach vorne ausgestreckt werden, um den zu weit entfernt stehenden Gegner zu treffen. Häufig kommt es dazu, wenn kein Vorwärtsschritt mit dem linken Bein gemacht wird. Der Soldat befindet sich hierbei in einer sehr verwundbaren Position, in der er kein gutes Gleichgewicht hat und leicht vom Gegner zu Fall gebracht werden kann.

3. Das hintere Bein wird bei der Ausführung des Schnitts völlig vom Boden abgehoben. Dies geschieht häufig, wenn ein zu weiter Ausfallschritt mit dem vorderen Bein beim Angriff gemacht worden ist, um einen zu weit entfernt stehenden Gegner zu treffen. Dies führt zu einem Verlust der Standfestigkeit und des Gleichgewichts und kostet unnötig viel Zeit, um wieder in eine stabile Kampfstellung zu kommen, um weiter anzugreifen oder sich zu verteidigen. Auch schwächt diese Position die Wirkung des eigenen Angriffs im Ziel.

Kolbenschlag seitwärts

Der Kolbenschlag seitwärts hat besonderen Wert, wenn er als Folgetechnik auf einen Stich oder Schnitt eingesetzt wird. Der Körper befindet sich, besonders nach einem Schnittangriff, in einer günstigen und natürlichen Position, um einen Kolbenschlag seitwärts folgen zu lassen. Der Angriff kann seitwärts oder auch schräg nach oben ausgeführt werden, und sowohl gegen ein verwundbares Ziel wie Kopf, Hals oder Rumpfseite, als auch gegen die gegnerische Waffe oder seine Arme selbst eingesetzt werden, um diese aus der Bahn zu schlagen und eine Öffnung in der gegnerischen Deckung für weitere Angriffe zu schaffen. Der Kolbenschlag seitwärts wird wie folgt ausgeführt:

1. Aus der Kampfstellung Schritt vorwärts über etwa 50 cm mit dem rechten Fuß, dabei linken Fuß als Drehpunkt und Standbein verwenden.

2. Gleichzeitig den Gewehrkolben in einem horizontalen, seitwärtsgeführten Bogen quer nach links herüberbringen, dabei die linke Hand als Drehpunkt verwenden. Der rechte Arm wird dabei fast vollständig durchgestreckt. Dies ist eine schnelle, scharfe und hakenschlagartige Aktion, bei der der Körper sich gegen den Uhrzeigersinn mit eindreht.

3. Während der Ausführung wird das Gewehr etwa waagerecht gehalten, so daß das Ende der Kolbenkappe auf das Ziel zeigt. Wenn das Gewehr nicht flach gehalten wird, besteht die Gefahr, daß der Kolben bzw. die Schulterstütze durch die Kraft eines aggressiven Kolbenschlages bricht oder beschädigt wird.

4. Mit der Spitze des Kolbenendes wird auf den Kopf, den Hals oder die Rumpfseite des Gegners gezielt.

Kolbenschlag seitwärts zum Kopf

5. Schritt, Drehung und Schlag sollten alle gleichzeitig ausgeführt werden, um maximale Kraft und Körpergewicht hinter den Schlag zu bringen, in dem Moment, in dem der rechte Fuß aufgesetzt wird.

6. Zurückführen in die Kampfstellung erfolgt durch Schritt vorwärts mit dem linken Fuß und Beugen des rechten Arms, herunterbringen und abwärtsbewegen der rechten Hand, um wieder die Kampfstellung einzunehmen.

Vermeidung der häufigsten Fehler beim Kolbenschlag seitwärts

Ein typischer Fehler bei der Ausführung des seitwärts geführten Kolbenschlags ist folgender:

1. Es wird der Körper bei Ausführung des Kolbenschlags nicht genügend gegen den Uhrzeigersinn eingedreht. Dadurch kommt es zu einem Verlust an Schlagkraft und Wirkung im Ziel, wenn die Technik nur aus den Armen heraus ausgeführt wird. Wie beim Schlagen eines rechten Hakens im Boxen ist auch hier der gesamte Körper einzusetzen, mit entsprechender Drehung aus der Hüfte und dem Oberkörper.

Kolbenschlag aufwärts

Der Kolbenschlag aufwärts bietet sich besonders als ein Angriff gegen den Kopf oder Unterleib des Gegners an. Er kann sehr einfach als Folgetechnik nach einem Stich eingesetzt werden. Auch bietet er sich an, wenn es dem Gegner gelungen ist,

Kolbenschlag aufwärts zum Kopf

den eigenen, vorhergehenden Angriff abzublocken und man dabei nun nah an den Gegner herangekommen ist. Insbesondere, wenn der Gegner den eigenen Angriff zum Hals oder Kopf abgeblockt hat und man unter seiner hochgehaltenen Waffe (also unterhalb seines Blocks) hinein erneut angreift. Der Kolbenschlag aufwärts wird folgendermaßen ausgeführt:

1. Aus der Kampfstellung Schritt vorwärts mit dem rechten Fuß über etwa 40 cm machen, dabei den linken Fuß als Drehpunkt und Standbein benutzen.

2. Die linke Hand als Drehpunkt für das Gewehr benutzend, stößt man die rechte Hand vorwärts und aufwärts in einer Bewegung, die einem Aufwärtshaken im Boxen gleicht. Man zielt mit dem Kolben auf den Unterleib oder zum Kopf. Falls sich der Gegner nach hinten wegbeugt oder seine Hüften nach hinten wegbewegt, um zu vermeiden, im Unterleib getroffen zu werden, werden seine Körpermitte und sein Kopf hervorstehen. In diesem Fall führt man den Kolbenschlag aufwärts weiter durch, bis er entlang der Mittellinie seines Körpers auf Bauch, Brust oder Kinn trifft.

3. Der Schritt mit rechts und die Aufwärtsbewegung werden zur gleichen Zeit durchgeführt, um Kraft in den Schlag zu legen. Der Körper wird dabei leicht gegen den Uhrzeigersinn nach links gedreht.

4. Zum Zurückführen in die Kampfstellung wird die rechte Hand zurück und nach unten gezogen, bis der rechte Ellenbogen sich wieder etwas vor bzw. neben der rechten Hüfte in einer entspannten, natürlichen Position befindet. Mit dem linken Fuß vorgehen, dabei den Körper wieder im Uhrzeigersinn nach

vorne drehen, um dem Gegner gegenüberzustehen und wieder die Kampfstellung einnehmen.

Vermeidung der häufigsten Fehler beim Kolbenschlag aufwärts

Ein typischer Fehler bei der Ausführung des aufwärts geführten Kolbenschlags ist folgender:

1. Bei Ausführung des Kolbenschlags aufwärts wird der Körper nicht genügend gegen den Uhrzeigersinn eingedreht. Dadurch kommt es zu einem Verlust an Schlagkraft und Wirkung im Ziel, wenn die Technik nur aus den Armen heraus ausgeführt wird. Wie beim Schlagen eines Aufwärtshakens kann auch hier mehr Kraft erzeugt werden, wenn sich der Oberkörper bei der Ausführung von einer leicht vorgebeugten Haltung im selben Moment aufrichtet, in dem sich der rechte Arm aufwärts zum Ziel hin bewegt.

Kolbenstoß

Der Kolbenstoß wird häufig als Folgetechnik auf einen Kolbenschlag eingesetzt und ist ebenfalls wirkungsvoll im Wald und dicht bewachsenem Gelände oder in Kampfgräben und engen Gassen und Fluren, wo die Bewegungsfreiheit und der Bewegungsspielraum stark eingeschränkt sind. Ziel ist üblicherweise der Kopf, er kann aber auch gegen Hals, Brust oder Bauch und Rumpfseiten eingesetzt werden. Auch wird er gegen einen zu Boden gegangenen oder im Fallen befindlichen Gegner eingesetzt, um diesen auszuschalten. Den Kolbenstoß, der wie erwähnt häufig als Folgetechnik nach einem aufwärts oder seitwärts geführten Kolbenschlag eingesetzt wird, führt man folgendermaßen aus:

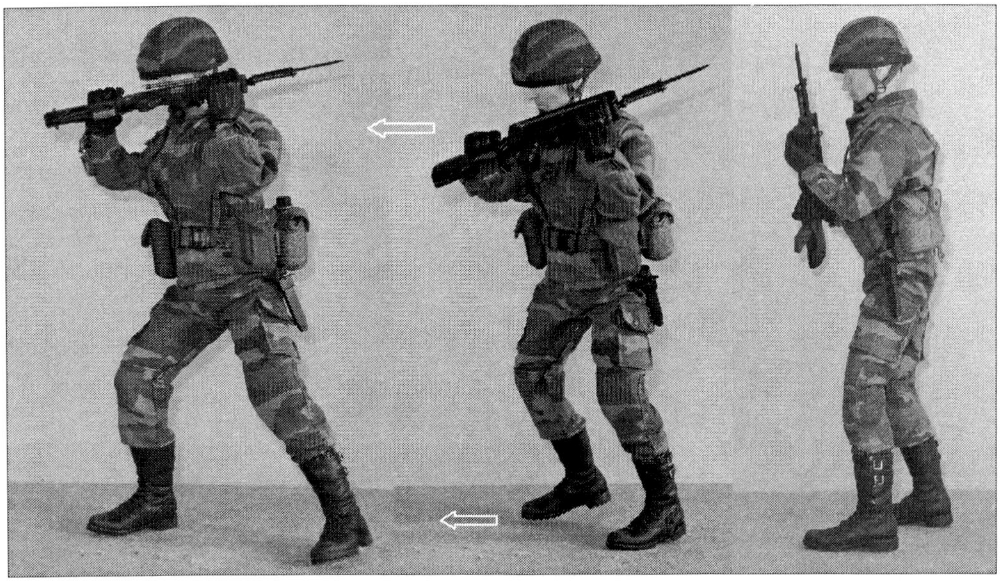

Kolbenstoß zum Kopf

1. Aus der Kampfstellung zieht man den linken Arm zurück zur Halsgegend, so daß die linke Hand etwa über der linken Schulter und links neben dem Kopf gehalten wird. Die Waffe wird dabei mit der Außen- oder Unterseite nach oben zeigend gehalten. Das Gewehr befindet sich jetzt über der linken Schulter, etwa parallel zum Boden.

2. Schritt vorwärts auf den Gegner zu mit dem rechten Fuß über etwa 40 cm, dabei erfolgt der Stoß des Gewehrkolbens zum Gesicht des Gegners durch ein ruckartiges Durchstrecken der Arme nach vorne über eine kurze Entfernung von etwa 15 cm zum Ziel hin. Das Gewehr wird dabei waagerecht zum Boden gehalten. Erfolgt der Kolbenstoß gegen tieferliegende Ziele, wird die Waffe eher diagonal nach unten gehalten, um eine kurze und gerade Kraftlinie zum Ziel zu ermöglichen.

3. Falls eine weitere Streckung der Arme notwendig ist (weil sich z.B. der Gegner nach hinten wegbewegt hat oder nicht voll getroffen worden ist), sollte der Bajonettkämpfer mit einem kurzen Schritt mit dem rechten Fuß weiter vorgehen und erneut einen Kolbenstoß ausführen.

4. Zurückführen in die Kampfstellung erfolgt durch einen Schritt vorwärts mit dem linken Fuß über etwa 40 cm und Einnahme der Kampfstellung.

Kolbenstoß nach rechts zur Brust

<u>Kolbenstoß nach rechts</u>

Der Kolbenstoß kann auch aus der Grundstellung heraus nach rechts zur Seite hin ausgeführt werden, falls sich ein Gegner direkt auf dieser Seite befindet. Diese Technik kann je nach Entfernung zum Gegner ohne Beinarbeit direkt aus dem Stand heraus eingesetzt werden oder wird mit einem Schritt nach rechts ausgeführt. Im Unterschied zum oben beschriebenen Kolbenstoß wird das Gewehr hierbei nicht erst über die linke Schulter gebracht, sondern etwa in Gesichtshöhe vor dem eigenen Körper angehoben. Ziele können hierbei sowohl Kopf, Hals, als auch Brust oder Bauch des Gegners sein. Siehe Abbildung links.

<u>Vermeidung der häufigsten Fehler beim Kolbenstoß</u>

Ein häufiger Fehler bei der Ausführung des Kolbenstoßes ist folgender:

1. Es wird versucht, mit dem Kolbenstoß einen Gegner zu treffen, der zu weit entfernt steht. Dabei werden die Arme zu weit vorgestreckt und der Oberkörper zu weit nach vorne gelehnt. Dies führt zu einem Verlust der Standfestigkeit und des Gleichgewichts. Man sollte mit dem Schritt rechts nach vorne nah genug an den Gegner herangekommen sein, um den Kolbenstoß nur über eine kurze Entfernung von ca. 15 cm zum Ziel zu bringen. Die Technik ist ein kurzes, hartes, ruckartiges Vorstoßen des Kolbens, kein weit oder tief geführtes Ausstrecken der Arme mit einem Rumpfvorbeugen, das zu einem weiteren Kraft- und Zeitverlust beim Angriff führt.

Waffenstoß

Der Waffenstoß ist eine Angriffstechnik, bei der nicht die Klinge oder der Kolben, sondern die Mitte der Waffe selbst eingesetzt wird. Die Technik entspricht einem Stoß mit einem Langstock, der in beiden Händen gehalten wird und mit dem Stockteil, das zwischen den Händen liegt, ins Ziel gestoßen wird. Dies ist eine reine Nahkampftechnik, die bei sehr geringem Abstand zum Gegner eingesetzt werden kann, wenn keine Zeit mehr zum Feuern oder Ausführen einer anderen Angriffstechnik bleibt bzw. wenn der Gegner schon zu nah herangekommen ist oder den Soldat überrascht hat. Sie funktioniert auch dann noch, wenn der Gegner versucht, die eigene Waffe im Nahkampf zu entreißen und sie bereits an Lauf oder Kolben ergriffen hat. Die rechte Hand kann hierbei entweder am Kolben bzw. der Schulterstütze liegen oder den Pistolengriff umfassen. Es kann jeder Teil des Gewehrs, der zwischen den eigenen Händen liegt, zum Stoß eingesetzt werden: Gehäuse, Visiereinrichtung, Magazin, Tragegriff, selbst aufmontierte Zielfernrohre oder Nachtsichtgeräte. Der Waffenstoß wird folgendermaßen ausgeführt:

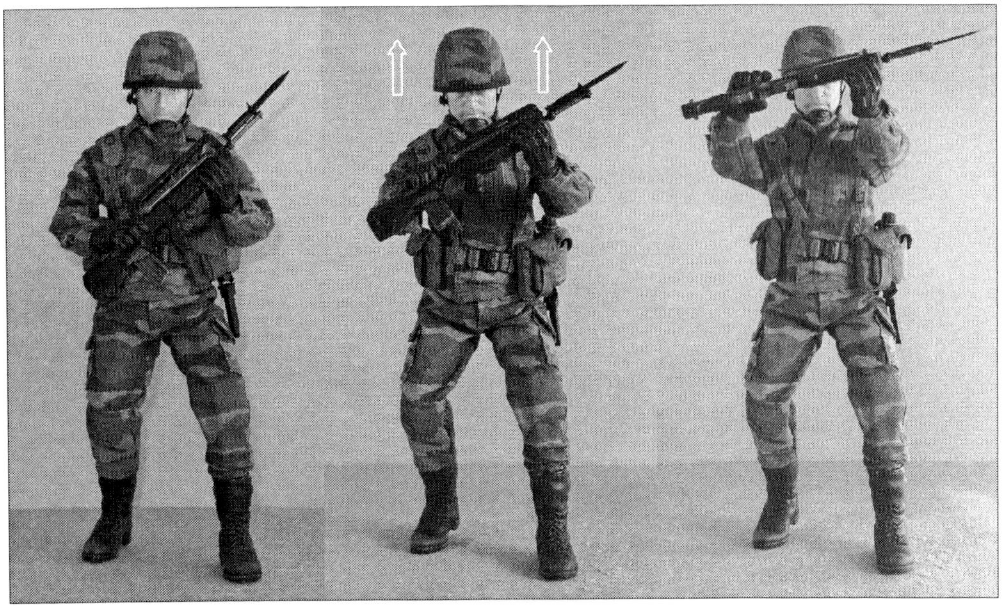

Waffenstoß zum Kopf

1. Aus der Kampfstellung wird das Gewehr etwa waagerecht mit dem Mittelteil der Waffe bzw. Magazin, Visiereinrichtung oder aufmontierten Anbauteilen voran durch ruckartiges Durchstrecken beider Arme geradlinig und leicht nach oben auf direktem Weg gegen Kopf oder Hals des Gegners gestoßen.

2. Steht der Gegner etwas weiter entfernt oder versucht, sich nach hinten wegzubewegen, um dem Angriff zu entgehen, kann auch gleichzeitig mit dem Durchstrecken der Arme ein kurzer Schritt vorwärts mit dem linken Fuß gemacht werden, um nah genug für den Waffenstoß an den Gegner heranzukommen.

3. Zum Zurückführen in die Kampfstellung werden beide Arme gebeugt und die Waffe herunter- und zurück in die Grundhaltung genommen. Wenn ein kurzer Vorwärtsschritt mit dem linken Fuß gemacht worden ist, wird der rechte Fuß über die selbe Entfernung nach vorn nachgesetzt.

Waffenstoß mit Hand am Pistolengriff

Bei dieser Variante bleibt die rechte Hand am Pistolengriff, so daß die Technik direkt aus dem Schulteranschlag bzw. beim Vorgehen (mit der Waffe an der Schulter und der Mündung nach unten zeigend) ausgeführt werden kann. Siehe Abbildung unten.

Waffenstoß mit Hand am Pistolengriff mit der Oberseite der Waffe

Vermeidung der häufigsten Fehler beim Waffenstoß

Es folgen die beim Waffenstoß am häufigsten vorkommenden Fehler, die unbedingt zu vermeiden sind:

1. Es wird versucht, den Waffenstoß aus dem Hüftanschlag oder einer ähnlichen Position heraus einzusetzen. Da es sich um eine Nahkampftechnik handelt, bleibt dem Soldat hier nicht mehr genügend Bewegungsspielraum und Zeit, um das Gewehr noch zwischen sich und dem Gegner hochzubringen. In dieser Situation wäre daher eher ein Stichangriff auszuführen.

2. Besonders bei Bullpup-Gewehren und bei der Ausführung mit der Hand am Pistolengriff ist darauf zu achten, daß bei einem

Waffenstoß mit der Außenseite der Waffe die Gefahr besteht, daß die Hände beim Auftreffen im Ziel verletzt werden können, da sie relativ nah beieinander liegen und ungeschützt sind. Einige dieser Gewehre sind so kurz und kompakt gebaut, daß nur wenig Raum in der Waffenmitte zwischen den Händen für einen Stoß zur Verfügung steht. Wenn möglich sollte hier mit der Oberseite der Waffe zugestoßen werden.

ABWEHRTECHNIKEN

Manchmal kann es vorkommen, daß der Bajonettkämpfer die Initiative verliert und der Gegner zum Angriff übergeht. Er ist dann gezwungen, sich vorübergehend zu verteidigen. Einige Verteidigungsmaßnahmen sind daher notwendig, um sich zu schützen und um dem Bajonettkämpfer zu erlauben, die Initiative wiederzuerlangen. Er mag ebenfalls auf einen Gegner treffen, der kein verwundbares Ziel zum Angreifen darbietet. Daher muß er eine Öffnung in der gegnerischen Deckung schaffen, indem er eine Parade- oder Blocktechnik einleitet, der er sofort mit einem Angriff nachfolgt. Die Folgetechnik ist unmittelbar, hart und entschlossen einzusetzen.

Die beiden grundlegenden Abwehrtechniken dieses Bajonettkampfsystems sind der Block und die Parade. Die Parade ist wirksam gegen den Stich und zum Öffnen der gegnerischen Deckung, während der Block meist gegen Schnitte und Kolbenschläge eingesetzt wird. Diese Abwehrtechniken lassen sich ebenfalls gegen unbewaffnete Angriffe mit Faustschlägen oder Tritten sowie gegen andere Waffen einsetzen. Timing, Schnelligkeit und Urteilsvermögen sind die Schlüsselfaktoren beim erfolgreichen Einsatz von Verteidigungstechniken. Es gilt, den richtigen Moment zur Abwehr zu wählen und diesen entschlossen auszunutzen, wobei man die Reichweite des Gegners mit seiner Waffe richtig einzuschätzen hat. Grundsätzlich gilt, daß Paraden auf weitere Entfernungen und Blocktechniken auf kurze Entfernungen eingesetzt werden.

Alle Abwehrtechniken sollten wenn immer möglich mit Ausweichbewegungen und Seitwärtsschritten kombiniert werden, um den Körper aus der Angriffsrichtung der gegnerischen Waffe herauszubringen. Dies gibt einem eine größere Sicherheit bei der Verteidigung, sollte eine Abwehrtechnik allein nicht erfolgreich darin gewesen sein, den Angriff des Gegners vollständig abzustoppen oder ausreichend abzulenken oder aber die eigene Waffe nicht mehr rechtzeitig in die richtige Position gebracht werden können. Auf Grund von Hindernissen oder des Geländes kann jedoch manchmal ein seitliches Ausweichen erschwert oder gar unmöglich sein (z.B. in Schützengräben, Kampfstellungen, engen Häuserfluren, zwischen Fahrzeugen o.ä.). Wie bereits erwähnt, ist jeder Parade oder jedem Block mit einer Angriffstechnik zu folgen.

Um Beschädigungen an den Waffen während des Partnertrainings der Verteidigungstechniken zu vermeiden, muß der Kontakt von Waffe gegen Waffe beschränkt werden auf die Ausführung der Techniken in halber Geschwindigkeit mit Leichtkontakt. Diese Techniken können aber während des Trainings mit gepolsterten Übungswaffen mit voller Geschwindigkeit und Vollkontakt eingesetzt werden.

Parade

Die Parade wird eingesetzt, um einen Stichangriff abzuwehren. Sie funktioniert grundsätzlich besser, wenn noch ausreichend Abstand zum Gegner besteht. Ziel ist es, den gegnerischen Angriff nicht vollständig abzustoppen, sondern ihn seitlich ab- und umzulenken. Dadurch wird der Gegner, der sich in seinem Angriffsschwung noch weiter nach vorne bewegt, aus dem Gleichgewicht gebracht. Es wird mit einem Gegenangriff gegen ein verwundbares Ziel seines Körpers nachgesetzt.

Die Parade wird entweder nach rechts oder links ausgeführt, abhängig von der Position der herankommenden Klinge. Wird die eigene Waffe in der Grundhaltung gehalten, wenn die gegnerische Klinge oberhalb der Waffe des Bajonettkämpfers hereinkommt (also auf die eigene rechte Körperseite zielt), sollte die Parade nach rechts ausgeführt werden. Wenn sie unterhalb der Waffe des Bajonettkämpfers hereinkommt (auf die linke Körperseite zielt), sollte die Parade nach links ausgeführt werden.

Parade rechts

Gegner greift an mit Stich zum Hals

Ausweichen mit Parade rechts

Wenn die Klinge des Gegners auf den Bajonettkämpfer zugestoßen wird in einer Position oberhalb seiner Waffe bzw. gegen seine rechte Rumpfhälfte, wird die Parade nach rechts eingesetzt. Die Ausführung sieht wie folgt aus:

1. Aus der Kampfstellung Schritt von etwa 20 cm mit dem linken Fuß nach vorne und links, wobei der rechte Fuß als Standbein stehenbleibt.

2. Gleichzeitig den Oberkörper im Uhrzeigersinn aus der Angriffsrichtung drehen, den linken Arm ausstrecken und nach rechts und abwärts vor den eigenen Körper bewegen, um die herankommende gegnerische Waffe zu treffen und sie nach rechts auswärts und abwärts zu drücken. Dies wird erreicht, indem die rechte Hand an die rechte Hüfte gezogen wird. Idealerweise wird die gegnerische Waffe mit der Bajonettschneide bzw. dem Lauf

der eigenen Waffe getroffen. Die Klinge wird etwa horizontal gehalten, wenn die gegnerische Waffe getroffen wird, wobei die Schneide nach rechts zeigt.

3. Aus dieser Position direkt zum Gegenangriff übergehen, anstatt erst in die Kampfstellung zurückzukehren. Einen Stich ausführen oder mit dem rechten Fuß vorgehen und einen Kolbenschlag ausführen.

Gegenangriff mit Stich zum Hals

4. Zurückkehren in die Kampfstellung, wie im Abschnitt über die Angriffstechniken beim Stich beschrieben.

Anmerkung: Das Zurückkehren in die Kampfstellung nach erfolgtem Gegenangriff dient nur zu Trainingszwecken, um die Technik zu erlernen. Wie bereits weiter vorn erwähnt, ist im Kampf immer mit einer Serie von Angriffen solange fortzufahren, bis der Gegner ausgeschaltet worden ist, da eine einzige Angriffstechnik allein noch nicht garantiert, daß der Gegner damit kampfunfähig gemacht worden ist.

Parade rechts mit Hand am Pistolengriff

Diese modifizierte Parade entspricht der normalen Parade nach rechts wie oben beschrieben, mit der Ausnahme, daß die rechte Hand am Pistolengriff bleibt. Sie bietet sich besonders dann an, wenn das Gewehr im Hüftanschlag gehalten wird bzw. beim Vorgehen mit schußbereiter Waffe bei einem überraschenden Angriff des Gegners. Siehe Abbildung rechts.

Parade rechts mit Hand am Pistolengriff

Parade links

Wenn die gegnerische Klinge auf den Bajonettkämpfer in einer Position unterhalb seiner Waffe bzw. auf seine linke Rumpfhälfte zugestoßen wird, erfolgt eine Parade nach links. Die Technik wird folgendermaßen ausgeführt:

1. Aus der Kampfstellung Schritt über etwa 20 cm mit dem linken Fuß nach vorne, der rechte Fuß dient als Standbein. Das Gewehr wird in eine vertikale Position gebracht, wobei der rechte Unterarm nahezu parallel zum Boden steht.

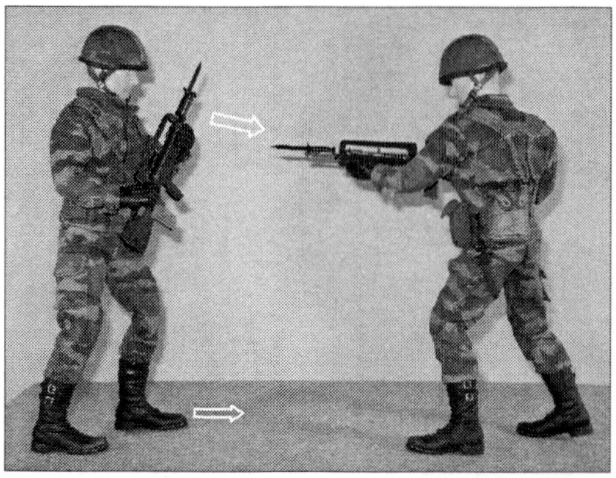

Gegner greift an mit Stich zur Brust

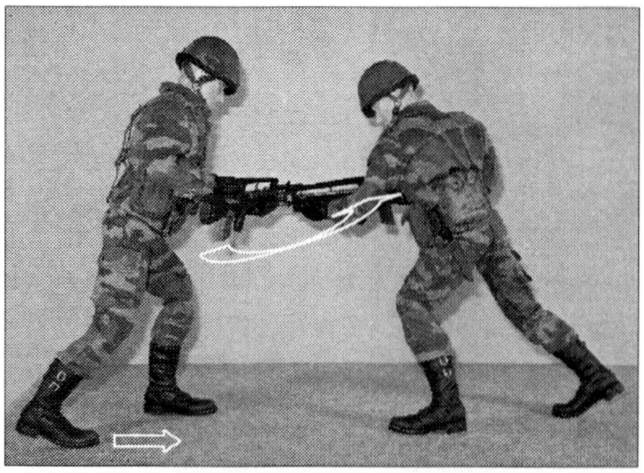

Ausweichen mit Parade links

Gegenangriff mit Kolbenschlag zum Kopf

2. Die linke Hand bewegt sich vorwärts nach links und unten, um die gegnerische Waffe im Bereich zwischen der eigenen Bajonettklinge und dem Lauf der eigenen Waffe zu treffen. Das Gewehr kann nahezu horizontal dabei gehalten werden, wobei die Schneide und die Unterseite der Waffe zum Gegner hin zeigen.

3. Nach der Parade links kann als Gegenangriff ein Schnitt eingesetzt werden, indem man mit dem linken Fuß nach vorne geht. Ein Kolbenschlag seitwärts oder aufwärts kann eingesetzt werden, indem man mit dem rechten Fuß vorgeht.

4. Das Zurückkehren in die Kampfstellung erfolgt, wie im vorherigen Abschnitt über die Angriffstechniken beschrieben.

Parade links mit Hand am Pistolengriff

Diese modifizierte Parade entspricht der normalen Parade nach links wie oben beschrieben, mit der Ausnahme, daß die rechte Hand am Pistolengriff bleibt. Sie bietet sich besonders dann an, wenn das Gewehr im Hüftanschlag gehalten wird bzw. beim Vorgehen mit schußbereiter Waffe. Siehe dazu Abbildung oben auf der nächsten Seite.

Kurzparade

Diese Variante kann aus dem Schulteranschlag bzw. aus dem Vorgehen mit Kolben an der Schulter und nach unten zeigender Mündung eingesetzt werden, wobei die rechte Hand am Pistolengriff verbleibt. Sie kann auf relativ kurze Distanz eingesetzt werden und wenn keine Zeit mehr besteht, die Waffe noch in die normale Grundhaltung der Kampfstellung zu bringen oder sie anderweitig zum Block als Schild zwischen den eigenen Körper und die herankommende Waffe des Gegners zu bringen. Diese Abwehr ist schneller und bietet eine bessere Reaktionszeit, allerdings geht dies auf Kosten der Abwehrkraft und Reichweite. Häufig wird es auf Grund der kurzen Entfernung zum Gegner bei dessen Angriff dem Bajonettkämpfer auch nicht mehr möglich sein, noch einen Ausweichschritt zu machen, da ihm dazu die Zeit fehlen mag, weil der Gegner bereits zu nah herangekommen ist.

Parade links mit Hand am Pistolengriff

Gegner greift an auf kurze Entfernung mit Stich zum Bauch

Grundsätzlich kann die Kurzparade nach links oder rechts gegen einen Stich zum Rumpf und Bauch sowie gegen andere tiefe Angriffe benutzt werden, ebenso gegen unbewaffnete Angriffe. Die Ausführung und der Bewegungsablauf ähneln der normalen Parade, mit dem Unterschied, daß hierbei die Mündung nach unten zeigt und die gesamte Bewegung kürzer und geringer ist. Auch hierbei ist darauf zu achten, daß man den Körper aus der Angriffsrichtung herausdreht. Siehe hierzu die Abbildungen auf dieser und der nächsten Seite.

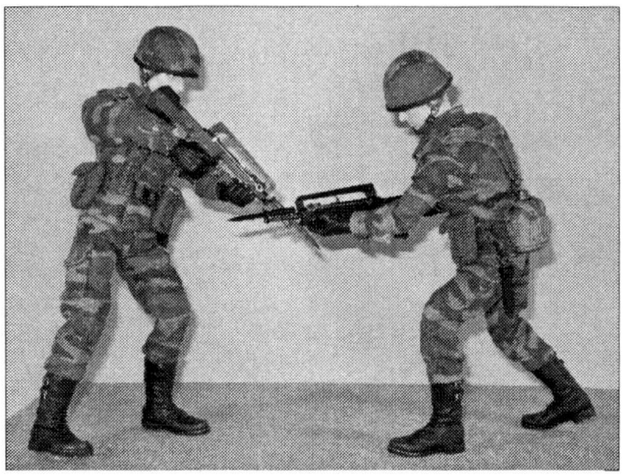

Kurzparade rechts

Vermeidung der häufigsten Fehler bei Paraden

Es folgen die am häufigsten vorkommenden Fehler bei der Ausführung der Paraden, die unbedingt zu vermeiden sind:

1. Es wird zu Beginn der Parade eine Ausholbewegung mit dem Gewehr ausgeführt, wodurch die eigene Deckung geöffnet wird und die Technik zu weit geführt und zu langsam wird. Der Zeitverlust und weitere Weg, über den die

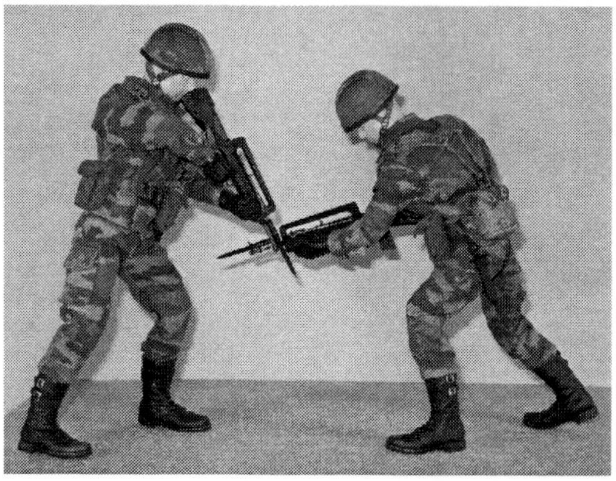

Kurzparade links

eigene Waffe bei der Abwehr bewegt werden muß, kann dazu führen, daß der Angriff des Gegners sein Ziel erreicht, bevor die Parade abgeschlossen werden kann. Auch besteht die Möglichkeit, daß der Gegner die Abwehr erkennt und noch seine Angriffsrichtung ändert, um ein anderes Ziel anzugreifen.

2. Bei der Parade nach rechts und der Kurzparade nach rechts besteht die Gefahr, daß der Gegner mit einem Kolbenschlag seitwärts kontert, wenn ihm seine Waffe mit der eigenen Waffe bei der Abwehr zu seiner linken Seite hin weggeschlagen worden ist, da er den Schwung der Bewegung ausnutzen und zu seinem Vorteil einsetzen kann. Bei Abschluß der Parade nach rechts bietet man dem Gegner die eigene linke Seite als Ziel hierfür an. Obwohl dieser Konter schwierig ist, besteht dennoch diese Möglichkeit, insbesondere, wenn der Gegner ebenfalls im Bajonettkampf trainiert ist und über ein gutes Gleichgewicht, Standfestigkeit und Reaktionsvermögen verfügt. Um dies zu vermeiden, ist ein sofortiges, schnelles Nachfolgen mit einem Gegenangriff unbedingt erforderlich. Ein schneller Stich, dem weitere Angriffstechniken folgen, verhindert diesen Konter des Gegners.

Blocktechniken

Ein Block wird grundsätzlich gegen Schnittangriffe oder Kolbenschläge und Kolbenstöße eingesetzt. Wenn man vom Gegner überrascht wird, dient der Block dazu, die Bahn seines Angriffs abzuschneiden, indem man mit seiner Waffe Kontakt macht. Ein Block wird grundsätzlich auf eine kürzere Entfernung als eine Parade eingesetzt, d.h. wenn der Gegner bereits nah herangekommen ist. Er ist in der Lage, auch kraftvolle Angriffe des Gegners abzustoppen. Die in diesem System gezeigten Blocktechniken lassen sich ebenfalls gegen starke, schwere Angriffe mit anderen Waffen wie z.B. Spaten, Metallstangen, Äxte, Brecheisen oder Knüppel sowie gegen unbewaffnete Angriffe einsetzten. Einem Block, wie jeder anderen Abwehrtechnik auch, muß immer sofort mit einem harten Gegenangriff gefolgt werden.

Block oben

Der Block nach oben wird gegen Angriffe eingesetzt, die von oben herab herankommen, insbesondere gegen Hieb- und Schlagangriffe mit dem Gewehr oder dem Gewehrkolben, abwärtsgerichtete Schnitte mit dem Bajonett, aber z.B. auch gegen Spatenschläge, Axthiebe und Messerstiche von oben. Die Ausführung sieht wir folgt aus:

1. Aus der Kampfstellung Schritt vorwärts von etwa 20 cm mit dem linken Fuß. Wenn möglich mit einem Vorwärtsschritt in den Angriff hineingehen, um die gegnerische Waffe noch abzublocken, bevor dessen Angriff an Schwung gewinnen kann, da sonst die Gefahr besteht, daß das eigene Gewehr aus den Händen geschlagen wird oder die Arme durch den in vollem Schwung befindlichen Aufschlag eingedrückt werden und der gegnerische Angriff noch zum Ziel durchkommt bzw. die eigene Waffe des Bajonettkämpfers gegen den eigenen Kopf oder Oberkörper geschlagen wird.

Gegner greift an mit Schnitt von oben

2. Durch Durchstrecken der Arme das Gewehr etwa in einem 45-Grad Winkel aufwärts nach vorne stoßen. Die Waffe wird in der selben allgemeinen Position wie in der Kampfstellung gehalten, aber die Arme sind jetzt fast ganz ausgestreckt. Der Kopf wird dabei zum Schutz vor dem gegnerischen Angriff zwischen die eigenen erhobenen Arme genommen.

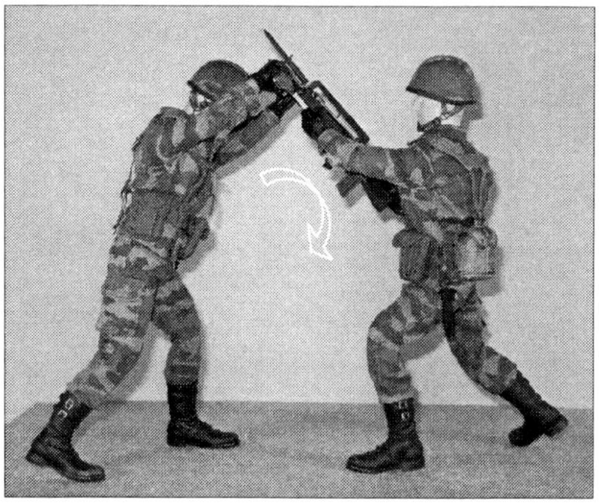

Vorwärtsschritt mit Block oben

3. Mit dem Mittelpunkt der Waffe gegen die gegnerische Waffe stoßen. Diese trifft mit Bajonett, Lauf oder Vorderschaft auf die eigene Waffe. Bei Gewehren, die ein langes Magazin haben, kann die gegnerische Waffe auch zwischen Magazin und Waffenmitte „eingefangen" werden, um dann seine Waffe aus der Angriffsrichtung seitlich wegzudrehen.

Gegenangriff mit Schnitt zum Bauch

Block oben mit Tritt zum Unterleib als Gegenangriff

4. Nachdem der Angriff des Gegners abgeblockt wurde, steht er zu weit offen und kommt aus dem Gleichgewicht. Nach dem Kontakt wird die gegnerische Waffe seitlich abgelenkt, und sofort ein Gegenangriff eingesetzt, um den Gegner auszuschalten.

5. Gegenangriff kann erfolgen mit einem Schnitt oder Kolbenschlag seitwärts. Eine gute Folgetechnik ist hier auch ein Fußtritt zum Unterleib oder zum Knie, der vom Gegner kaum abzuwehren ist, da sich seine abgeblockte Waffe hoch über seinem Kopf befindet und beide Hände sie festhalten. Siehe Abbildung links.

6. In die Kampfstellung auf die gleiche Art und Weise zurückkehren wie im Abschnitt über die Angriffstechniken beschrieben.

Block oben mit Hand am Pistolengriff

Diese Variante wird eingesetzt, wenn keine Zeit mehr besteht, die Kampfstellung noch einzunehmen bzw. direkt aus dem Schulteranschlag, wobei die rechte Hand am Pistolengriff verbleibt. Sie ist schneller ausführbar und bietet eine bessere Reaktionsfähigkeit, vermindert aber die Stabilität und Abwehrkraft der Blocktechnik, da der Griff an der eigenen Waffe nicht so fest ist wie bei der oben beschriebenen Technik. Sie ist nur einzusetzen, wenn der reguläre Block nach oben nicht oder nicht mehr eingesetzt werden kann, weil z.B. der Gegner zu nah steht und sein Angriff schon im Gang ist. Siehe Abbildung links.

Block oben mit Hand am Pistolengriff

Block oben mit Bullpup-Gewehr

Bei Bullpup-Gewehren kann die rechte Hand das Gewehr an der Kolbenkappe umfassen, wenn der Block ausgeführt wird. Dadurch erhöht sich bei der Abwehr im Vergleich zur Technik mit der Hand am Pistolengriff die Stabilität und Festigkeit des Blocks. Diese Variante kann sowohl aus der Kampfstellung als auch aus dem Schulteranschlag heraus ausgeführt werden. Siehe Abbildung rechts.

Block oben mit Bullpup-Gewehr mit Hand an der Kolbenkappe

Vermeidung der häufigsten Fehler beim Block nach oben

Die häufigsten Fehler, die beim Block nach oben gemacht werden, sind folgende:

1. Es wird nicht in den gegnerischen Angriff hineingegangen oder bei Ausführung des Blocks ein Schritt mit rechts nach hinten gemacht, wodurch dieser Angriff seine volle Kraft aufbauen kann. Wenn immer es dem Bajonettkämpfer noch möglich ist, sollte er mit einem kurzen Vorwärtsschritt mit dem linken Fuß bei Ausführung der Abwehr vorgehen, um den gegnerischen Angriff noch abzustoppen, bevor er an Schwung gewinnen kann.

2. Die gegnerische Waffe wird zu nah an Lauf oder Kolben des eigenen Gewehrs abgeblockt, wodurch die Gefahr besteht, daß die Hände getroffen werden. Kontakt mit der gegnerischen Waffe sollte mit der eigenen Waffenmitte gemacht werden, was auch die Stabilität und Abwehrkraft der eigenen Blocktechnik erhöht, da der Angriff des Gegners etwa im Schwerpunkt der eigenen Waffe abgestoppt wird.

3. Die Arme sind nicht ausreichend durchgestreckt und können vom Angriff eingedrückt werden, wodurch der gegnerische Angriff trotz des Blocks sein Ziel noch erreichen kann.

4. Die Arme blocken den Angriff zu weit vorne ab, d.h. sie werden zu weit unten gehalten, wodurch der Kopf frei steht und nicht zwischen den eigenen Armen geschützt bleibt und getroffen werden kann.

5. Die Waffe wird zu locker und zu schwach festgehalten und beim Auftreffen des gegnerischen Angriffs aus den Händen geschlagen.

6. Der Block wird nicht kraftvoll genug ausgeführt, wodurch der Angriff durchdringen kann. Dies kann passieren, wenn die Arme zwar ausgestreckt

werden, aber nicht fest genug vorgestoßen werden, um den Angriff abzustoppen.

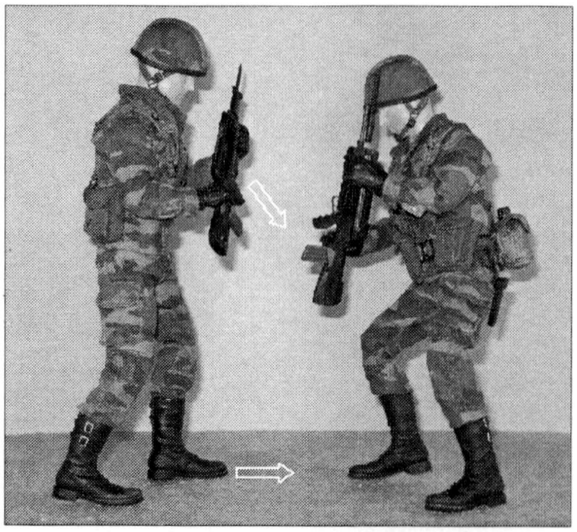

Gegner greift an mit Kolbenschlag aufwärts zum Unterleib

Vorwärtsschritt mit Block unten

Gegenangriff mit Stich zum Hals

Block unten

Der Block nach unten wird hauptsächlich gegen den Kolbenschlag aufwärts eingesetzt. Er ist aber auch geeignet, um Fußtritte, Messerstiche von unten und andere Angriffe gegen Unterleib, Bauch oder Oberschenkel abzuwehren. Er wird folgendermaßen ausgeführt:

1. Aus der Kampfstellung Schritt vorwärts mit dem linken Fuß über etwa 20 cm, um wenn möglich in den gegnerischen Angriff hineinzugehen, bevor dieser noch an Schwung gewinnen kann.

2. Durchstrecken der Arme schräg nach unten. Das Gewehr kann dabei nahezu horizontal zum Boden gehalten werden, die Arme sind voll durchgestreckt.

3. Auftreffen des gegnerischen Angriffs nahe der Waffenmitte des eigenen Gewehrs. Bei einem Gewehr mit langem Magazin kann die gegnerische Waffe manchmal zwischen Magazin und Waffenmitte eingefangen und seitlich weggedreht werden (dies funktioniert ebenfalls gegen Fußtritte).

4. Nach dem Kontakt wird die gegnerische Waffe seitlich abgelenkt, wodurch der Gegner weiter aus dem Gleichgewicht gebracht wird. Es werden sofort Folgetechniken eingesetzt, um den Gegner auszuschalten.

5. Als Gegenangriff kontern mit einem Stich, Schnitt seitwärts oder Kolbenschlag seitwärts.

6. Zurückführen in die Kampfstellung wie beschrieben im Abschnitt über die Angriffstechniken.

Block unten mit Hand am Pistolengriff

Diese Variante kann direkt aus dem Hüftanschlag oder dem Schulteranschlag eingesetzt werden, wenn keine Zeit mehr besteht, die Kampfstellung noch einzunehmen. Die rechte Hand bleibt hierbei am Pistolengriff. Sie ist schneller ausführbar und bietet eine bessere Reaktionsfähigkeit, aber die Stabilität und Abwehrkraft der Blocktechnik ist geringer, da der Griff an der eigenen Waffe nicht so fest ist wie bei der oben beschriebenen Technik. Sie ist nur einzusetzen, wenn der reguläre Block nach unten nicht oder nicht mehr eingesetzt werden kann, weil z.B. der Gegner zu nah ist und sein Angriff schon im Gang ist. Siehe Abbildung rechts.

Block unten mit Hand am Pistolengriff

Block unten mit Bullpup-Gewehr

Bei Bullpup-Gewehren kann die rechte Hand zur Ausführung des Blocks das Gewehr an der Kolbenkappe umfassen. Dadurch erhöht sich bei der Abwehr im Vergleich zur Technik mit der Hand am Pistolengriff die Stabilität und Festigkeit. Diese Variante kann sowohl aus der Kampfstellung als auch aus dem Hüft- oder Schulteranschlag heraus ausgeführt werden. Siehe Abbildung rechts.

Block unten mit Bullpup-Gewehr, hier gegen Messerstich von unten

Vermeidung der häufigsten Fehler beim Block nach unten

Die häufigsten Fehler, die beim Block nach unten gemacht werden, sind folgende:

1. Es wird nicht in den gegnerischen Angriff hineingegangen, wodurch der Angriff seine volle Kraft aufbauen kann. Wenn immer es dem Bajonettkämpfer noch möglich ist, sollte er mit einem kurzen Vorwärtsschritt mit dem linken Fuß bei Ausführung der Abwehr vorgehen, um den gegnerischen Angriff noch abzustoppen, bevor er an Schwung gewinnen kann.

2. Die gegnerische Waffe wird zu nah an Lauf oder Kolben des eigenen Gewehrs abgeblockt, wodurch die Gefahr besteht, daß die Hände getroffen werden. Kontakt mit der gegnerischen Waffe sollte mit der eigenen Waffenmitte gemacht werden, was die Stabilität und Abwehrkraft der eigenen Technik erhöht, da der Angriff des Gegners etwa im Schwerpunkt der eigenen Waffe abgestoppt wird.

3. Die Arme sind nicht ausreichend durchgestreckt und können vom Angriff eingedrückt werden, wodurch der gegnerische Angriff trotz des Blocks sein Ziel noch erreichen kann.

4. Die Arme blocken den Angriff zu weit vorne oder zu nah am eigenen Körper ab, d.h. sie werden zu weit oben oder zu tief gehalten, wodurch Bauch und Unterleib frei und nicht geschützt bleiben und getroffen werden können.

5. Die Waffe wird zu locker und zu schwach festgehalten und beim Auftreffen des gegnerischen Angriffs aus den Händen geschlagen.

6. Der Block wird nicht kraftvoll genug ausgeführt, wodurch der Angriff durchdringen kann. Dies kann passieren, wenn die Arme zwar ausgestreckt werden, aber nicht fest genug vorgestoßen werden, um den Angriff abzustoppen.

Seitblock links

Der Seitblock nach links wird gegen Angriffe eingesetzt, die zur linken Körperseite, zum Oberkörper bzw. zum Kopf gehen. Er dient hauptsächlich dazu, den Kolbenschlag seitwärts und den Stich abzublocken. Der Seitblock links wird folgendermaßen ausgeführt:

1. Aus der Kampfstellung Schritt nach vorne mit dem rechten Fuß und in den gegnerischen Angriff hineingehen, bevor dieser an Schwung gewinnen kann und um ihm auszuweichen. Gleichzeitig leichte Körperdrehung gegen den Uhrzeigersinn aus der Angriffsrichtung heraus.

2. Dabei die Arme seitlich nach links ausstrecken, so daß die linke Hand oben und die rechte Hand unten ist. Die linke Hand verbleibt dabei in etwa in ihrer

Position und dient als Drehpunkt für das Gewehr, während die rechte Hand quer vor dem Körper von rechts nach links geführt wird, bis das Gewehr vertikal vor der linken Körperseite steht und etwas seitlich vor dem Körper gehalten wird.

3. Das Gewehr wird nach links gestoßen, um bei einem Angriff des Gegners mit Kolbenschlag seitwärts den Kolben des gegnerischen Gewehrs in der Mitte der eigenen Waffe auftreffen und wegprallen zu lassen. Gleiches gilt für die Abwehr eines Bajonettstichs. Hierbei wird Kontakt mit dem Lauf oder Vorderschaft der gegnerischen Waffe gemacht.

4. Sofort mit Gegenangriff nachfolgen. Es bieten sich aus dieser Position besonders der Kolbenstoß sowie Kolbenschläge aufwärts oder seitwärts an, da man bereits nah am Gegner steht.

5. Anschließend wieder in die Kampfstellung zurückkehren so wie im vorherigen Abschnitt über die Angriffstechniken beschrieben.

Gegner greift an mit Kolbenschlag zur linken Rumpfseite

Ausweichen mit Seitblock links

Seitblock rechts

Der Seitblock nach rechts dient dazu, einen Schnitt, Seitschnitt oder einen Stich zur rechten Rumpfseite, Oberkörper oder Kopf abzuwehren. Auch läßt er sich gut gegen einen Kolbenstoß einsetzen. Die Ausführung sieht folgendermaßen aus:

1. Aus der Kampfstellung Schritt mit dem linken Fuß nach vorne, um den Angriff des Gegners abzublocken, noch bevor dieser an Schwung gewinnen kann und um dem Angriff auszuweichen. Gleichzeitig leichte

Gegenangriff mit Kolbenstoß zur Brust

Gegner greift an mit Schnitt zum Oberkörper

Ausweichen mit Seitblock rechts

Gegenangriff mit Stich zum Hals

Körperdrehung im Uhrzeigersinn nach rechts aus der Angriffsrichtung des Gegners heraus.

2. Durchstrecken der Arme nach rechts. Dabei den linken Arm nach rechts quer vor dem Körper bringen und die rechte Hand als Drehpunkt verwenden, so daß das Gewehr vertikal gehalten wird. Rechte Hand verbleibt ungefähr in ihrer Position und dient als Drehpunkt für das Gewehr, während die linke Hand quer vor dem Körper von links nach rechts geführt wird, bis sich das Gewehr etwas rechts vor dem Körper vor der rechten Körperseite befindet.

3. Den Schwung der Körperdrehung sowie das ruckartige Durchstrecken des linken Arms ausnutzen, um gegnerische Waffe beim Abblocken wegprallen zu lassen. Das Bajonett oder der Lauf bzw. Kolben der gegnerischen Waffe wird dabei mit der Mitte des eigenen Gewehrs getroffen.

4. Sofort einen Gegenangriff folgen lassen. Es bieten sich aus dieser Position besonders der Stich sowie Kolbenschläge aufwärts oder seitwärts an, da man bereits nah am Gegner steht.

5. Zurückkehren in die Kampfstellung, wie dies im Abschnitt über die Angriffstechniken weiter vorne beschrieben wurde.

Vermeidung der häufigsten Fehler bei den Seitblöcken

Die häufigsten Fehler bei den Seitblöcken, die gemacht werden, sind folgende:

1. Das Gewehr wird bei Ausführung des Blocks zu dicht am eigenen Körper gehalten, wodurch das gegnerische Bajonett ins Ziel trifft. Es ist darauf zu achten, daß die eigene Waffe immer etwas seitlich vor dem Körper gehalten wird und das dabei gleichzeitig eine leichte Körperdrehung ausgeführt wird.

2. Die Arme halten das Gewehr im Augenblick des Auftreffens der gegnerischen Waffe zu locker und ohne Anspannung, so daß durch den Aufschlag die Waffe aus der Hand geschlagen werden kann und die Arme eingedrückt werden können, wodurch der gegnerische Angriff noch hindurchkommen und sein Ziel treffen kann. Die Waffe des Gegners sollte wenn möglich durch den Aufprall beim Block seitlich abgelenkt werden oder abprallen, um aus der Angriffsrichtung gebracht zu werden und dabei das Gleichgewicht des Gegners zu beeinträchtigen.

3. Es wird kein Seitwärtsschritt bzw. Schritt vorwärts mit dem Bein, das der Angriffsrichtung gegenübersteht, ausgeführt. Das Ausweichen in Verbindung mit der gleichzeitigen Körperdrehung hat den großen Vorteil, daß ein Block, der allein eventuell nicht schnell oder stark genug ist, um den Angriff des Gegners abzustoppen, dennoch erfolgreich ist, da sich der Bajonettkämpfer aus der Angriffsrichtung des Gegners herausbewegt hat und nun seinen Gegenangriff von hier aus starten kann. Besteht nicht mehr genügend Zeit zum Ausweichen, weil der Gegner z.B. schon zu nah herangekommen ist oder man vom Angriff überrascht worden ist, bleibt allerdings manchmal keine andere Wahl, als den Block allein ohne den Ausweichschritt auszuführen. Er sollte jedoch immer mit dem Wegdrehen des Körpers kombiniert werden.

4. Anstatt einen Schritt mit dem Bein zu machen, das der Angriffsrichtung gegenüberliegt, wird dieser Schritt mit dem anderen Bein gemacht, so daß ein Überkreuzschritt ausgeführt wird bzw. die Füße in einer Überkreuzstellung hintereinander stehen. Dies ist eine Ausweichtechnik, die aus den alten Bajonettfechtsystemen stammt (sowie in einigen Kampfkünsten zu finden ist) und mit ausreichendem Training funktionieren kann, aber einige bedeutende Nachteile aufweist. Diese Beinstellung wirkt sich nachteilig auf die Beweglichkeit und Standfestigkeit sowie auf das Gleichgewicht aus. In dieser seitlichen Stellung besteht die Gefahr, daß der Bajonettkämpfer sein Gleichgewicht verliert und zu Boden stürzt, wenn der Gegner weiter angreift oder er selbst eine Angriffstechnik ausführt.

5. Die gegnerische Waffe wird zu dicht bei den Händen abgeblockt, wodurch die Gefahr besteht, daß die Hände verletzt werden. Zum Abblocken sollte die Mitte der eigenen Waffe verwendet werden.

Gewehr als Schutzschild verwenden

Wenn nicht mehr rechtzeitig ausgewichen und/oder abgeblockt werden kann, kann das Gewehr im Notfall auch noch als Schutzschild vor dem eigenen Körper dienen, um einen gegnerischen Angriff direkt mit der Waffe abzublocken. Dies schließt

Gewehr als Schutzschild einsetzen gegen einen Angriff mit Bajonettstich

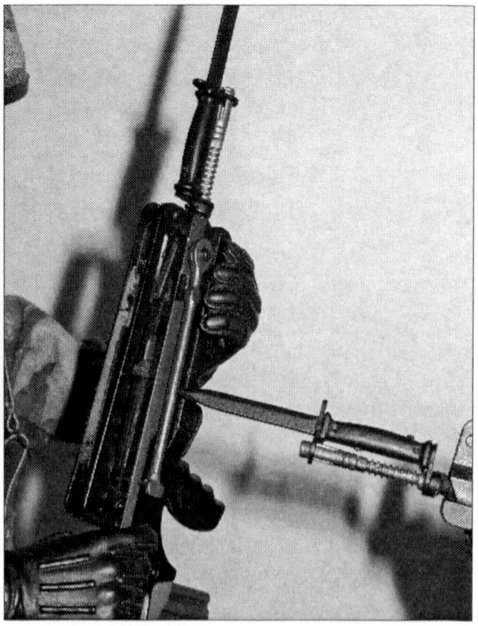

Nahansicht: Die gegnerische Klinge wird direkt mit der eigenen Waffe wie mit einem Schutzschild geblockt

einen Bajonettstich mit ein, obwohl man dabei Gefahr läuft, daß das Bajonett des Gegners abrutscht und sein Ziel am eigenen Körper findet. Dies ist, wie gesagt, eine Notmaßnahme für den Fall, daß der Soldat überrascht wird von einem Angriff, und keine Zeit mehr hat, noch irgendeine andere Gegenmaßnahme zu ergreifen außer der, sein Gewehr noch als Schild vor dem eigenen Körper, zwischen sich und der gegnerischen Klinge, zu verwenden. Diese Technik kann ebenfalls gegen Faustschläge, Tritte und andere Angriffe mit und ohne Waffen eingesetzt werden. Siehe Abbildungen oben.

Verteidigungstechniken gegen ein Ergreifen der Waffe

Zur Vervollständigung der Abwehrtechniken im Bajonettkampf folgen einige Techniken gegen ein Erfassen der eigenen Waffe im Nahkampf durch den Gegner. Diese Techniken sind auch im Hinblick auf eine reguläre Nahkampfausbildung wertvoll, da sie dem Soldaten, der lernt, sich unbewaffnet gegen bewaffnete Angriffe zu verteidigen, aufzeigen, welche Möglichkeiten ein mit Gewehr und Bajonett bewaffneter Gegner noch zum Kontern hat, wenn es dem Soldat gelungen ist, den gegnerischen Angriff abzuwehren und dabei die gegnerische Waffe erfaßt zu haben.

Es gibt mehrere Möglichkeiten, um wieder die Kontrolle über die eigene Waffe zu erringen, falls es dem Gegner gelungen ist, diese im Nahkampf zu ergreifen. Grundsätzlich sollte zuerst immer versucht werden, zu schießen. Ist dies nicht mehr möglich, weil z.B. die Waffe versagt, die Munition verschossen worden ist oder die Mündung im Handgemenge nicht mehr auf den Gegner zeigt bzw. bei Schußabgabe unbeteiligte Personen gefährdet werden würden, bieten sich folgende Möglichkeiten zum Kontern an:

Gegner ergreift nach Stich Waffe am Lauf

Zurückreißen der eigenen Waffe

Zurückreißen der Waffe

Gegenangriff mit Stich zum Bauch

Hat der Gegner, z.B. nach einem Stichangriff, das eigene Gewehr am Vorderschaft erfaßt, d.h. entweder am Lauf, am Handschutz oder kurz oberhalb des Bajonetts, kann die Waffe durch ein scharfes, ruckartiges Nachhintenreißen aus dem Griff des Gegners befreit werden. Dies kann durch eine Oberkörperdrehung im Uhrzeigersinn und einen kurzen Schritt nach hinten mit dem rechten Fuß unterstützt werden. Für den Gegner besteht hierbei die Gefahr, daß Hand und Unterarm an der Klinge aufgeschnitten werden können. Sofort im Anschluß daran wird eine Folgetechnik ausgeführt. Es bietet sich hier der Stich an, da die Arme sich bereits in der richtigen Position zum Vorstoßen des Gewehrs befinden. Siehe Abbildungen oben.

Gegner ergreift nach Stich Waffe am Lauf von vorne

Vorstoßen der Waffe

Eine andere Möglichkeit ist, weiter nach vorne vorzustoßen und einen weiteren Angriff folgen zu lassen. Dies bietet sich dann an, wenn sich der Gegner noch immer in Angriffsrichtung vor der eigenen Waffe befindet. Es wird ein weiterer Stichangriff mit einem Vorwärtsschritt ausgeführt. Der Arm und die Hand des Gegners werden nicht in der Lage sein, die

Vorstoßen der Waffe mit Stich zur Brust

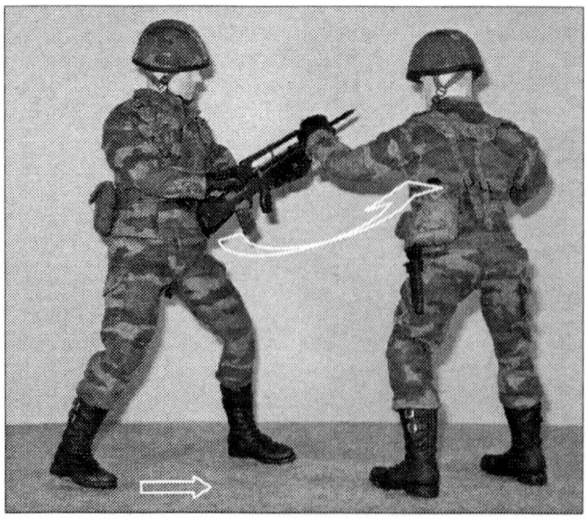

Gegner ergreift nach Schnitt Waffe von der Seite am Lauf

Gegenangriff mit Kolbenschlag seitwärts zum Kopf

eigene Vorwärtsbewegung des sich bewegenden Körpers und des Gewehrs aufzuhalten, so daß man durch diese Technik die eigene Waffe wieder freibekommen und dabei gleichzeitig einen Gegenangriff ausführen kann. Siehe Abbildungen auf der Vorseite und links.

Befreiung mit Kolbenschlag

Zeigt die Mündung der eigenen Waffe nach links zur Seite, nachdem der Gegner sie am Vorderschaft ergriffen hat (dies kann manchmal vorkommen, wenn ein Schnittangriff abgeblockt wurde), kann häufig sofort mit einem Kolbenschlag aufwärts oder seitwärts gekontert werden. Es ist daher immer wichtig, die Angriffe in einer Serie durchzuführen, so daß selbst in Fällen wie diesem, in dem ein Angriff fehlgeschlagen ist oder es dem Gegner gelungen ist, die eigene Waffe zu ergreifen, weiter angegriffen werden kann und der Bajonettkämpfer unter keinen Umständen in die Defensive gedrängt wird. Siehe Abbildungen links.

Befreiung mit Schnitt

Aus der selben Position wie zuvor beschrieben kann manchmal auch ein Schnitt oder Seitwärtsschnitt ausgeführt werden, wenn der vorherige Schnitt abgeblockt worden ist und der Gegner die eigene Waffe ergriffen hat. Man wiederholt einfach den selben Angriff. Durch den längeren Hebel, den der Bajonettkämpfer an seiner Waffe ausnutzen kann, besteht die Möglichkeit, unter Mithilfe der Arme und einer Körper- und Hüftdrehung im Uhrzeigersinn einen Schnittangriff erfolgreich einzusetzen, der gleichzeitig den Griff des Gegners an der Waffe lösen wird. Siehe Abbildungen oben auf der nächsten Seite.

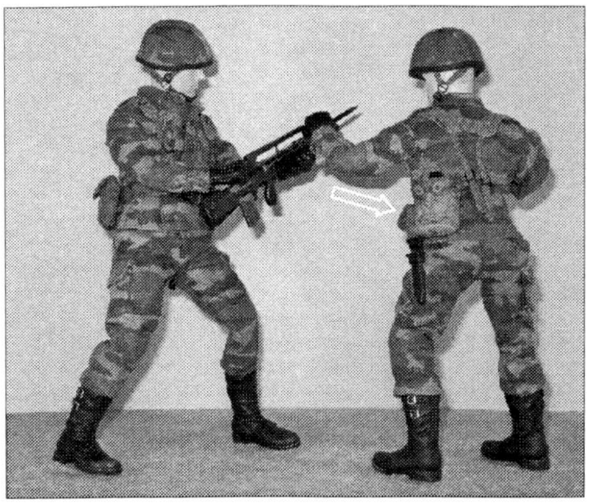

Gegner ergreift nach Schnittangriff Waffe am Lauf

Gegenangriff mit einem weiteren Schnitt zur Brust mit Körperdrehung

Befreiung gegen Ergreifen zwischen den eigenen Händen

Hat der Gegner das Gewehr mit engem Griff erfaßt, d.h. seine beiden Hände befinden sich zwischen den eigenen Händen an der Waffe, macht man einen Schritt vorwärts mit dem rechten Fuß und führt einen Kolbenschlag seitwärts aus, entweder zum Kopf oder Körper (es kann dabei vorkommen, daß man mit dem Gewehrkolben nicht das Ziel, sondern nur einen oder beide Arme des Gegners trifft, da diese erhoben sind und manchmal den Weg blockieren). Dieser Gegenangriff löst den Griff des Gegners und kann ihn gleichzeitig zu Boden bringen, falls er zu lange an der Waffe festhält. Es werden sofort Folgetechniken eingesetzt, um den Gegner auszuschalten. Auf den Kolbenschlag seitwärts kann z.B. ein Kolbenstoß folgen. Siehe Abbildungen unten.

Gegner ergreift Waffe mit beiden Händen in der Waffenmitte

Gegenangriff mit Vorwärtsschritt und Kolbenschlag zum Kopf

Gegner ergreift Waffe außerhalb der eigenen Hände

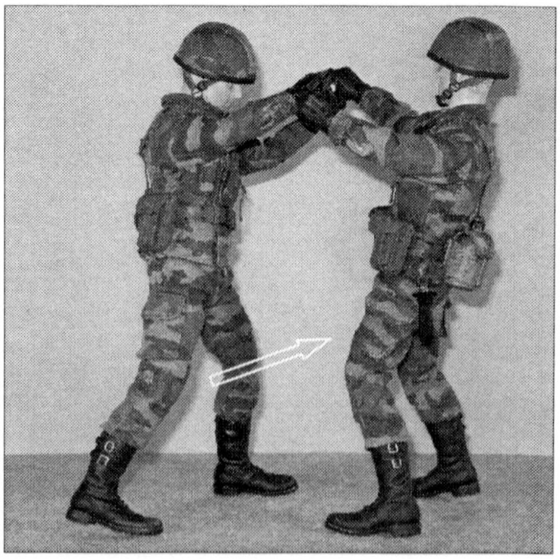

Vorgehen mit Hochreißen der Arme

Gegenangriff mit Kniestoß zum Unterleib

<u>Befreiung gegen Ergreifen außerhalb der eigenen Hände</u>

Ergreift der Gegner das Gewehr mit beiden Händen mit einem breiten Griff, d.h. außerhalb der eigenen Hände an Lauf und Kolben bzw. Schulterstütze, kann der Griff gelöst werden, indem man einen Vorwärtsschritt macht. Gleichzeitig werden dabei beide Arme nach oben durchgestreckt und hochgerissen. Es folgt ein Fußtritt oder Kniestoß zum Unterleib, um den gegnerischen Griff an der eigenen Waffe zu lösen. Danach setzt man Folgetechniken ein, um den Gegner auszuschalten. Der Kolbenstoß läßt sich hier gut einsetzten, da die eigene Waffe sich bereits in einer erhobenen Haltung befindet. Aber auch Schnitt oder Kolbenschlag seitwärts bieten sich an. Siehe Abbildungen oben und links.

In allen Situationen, in denen es dem Gegner gelungen ist, die eigene Waffe mit beiden Händen zu erfassen, muß sofort gehandelt werden, da es dem Gegner jetzt möglich ist, seinen Griff als Hebel einzusetzen, um dem Bajonettkämpfer entweder das Gewehr mit einer Drehung aus den Händen zu hebeln oder ihn, falls er an seiner Waffe festhält, durch diesen Hebel aus dem Gleichgewicht zu bringen und zu Boden gehen zu lassen. In diesem Fall kann der Gegner die eigene Waffe einsetzen, um den jetzt entwaffneten Soldat zu töten.

KOMBINATIONSTECHNIKEN

Wenn der ursprüngliche erste Angriff, egal ob Stich, Kolbenschlag, Kolbenstoß, Waffenstoß oder Schnitt, nicht mit dem Körper des Gegners Kontakt gemacht hat, sollte der Bajonettkämpfer instinktiv mit weiteren Techniken nachfolgen, bis er den Gegner ausgeschaltet hat oder dieser sich ergibt. Folgetechniken sind Angriffstechniken, die auf ganz natürliche und harmonische Art und Weise anderen Angriffstechniken folgen. Die Folgetechnik wird ausgeführt aus der vollendeten Position der vorhergehenden Technik, ohne erst ein Zurückführen der Waffe in die Grundhaltung der Kampfstellung auszuführen. Um einen erfolgreichen Angriff sicherzustellen, folgt der Bajonettkämpfer jeder Technik mit einer weiteren Angriffstechnik solange, bis er seinen Gegner ausgeschaltet hat. Alle Angriffstechniken dieses Systems sind so aufgebaut, daß sich der Bajonettkämpfer in einer Position befindet, aus der heraus er eine weitere Angriffstechnik ausführen kann, sollte sein ursprünglicher Angriff nicht erfolgreich gewesen sein. Falls der Bajonettkämpfer z.B. einen Schnitt einsetzt, der abgeblockt wird, befindet er sich in einer hervorragenden Position, um mit einem Kolbenschlag aufwärts oder seitwärts nachzufolgen. Idealerweise wird die Folgetechnik auf der gleichen Ebene wie die der vorhergehenden Technik ausgeführt. D.h. auf einen Schnitt seitwärts kann ein Kolbenschlag seitwärts folgen. Gelingt es dem Gegner, den ersten Angriff auf der einen Körperseite abzublocken, wird mit der Folgetechnik die jetzt ungeschützte andere Seite angegriffen. Die Folgetechniken, die in diesem Abschnitt aufgeführt werden, folgen diesem Prinzip. Das allerwichtigste hierbei ist, dem anfänglichen Angriff mit einer weiteren offensiven Aktion zu folgen, damit die Initiative nicht verloren geht. Das Schlüsselprinzip hierbei ist eher Aggressivität als antrainierte Technikserien. Aggressivität ist der wahre Geist eines nachfolgenden Angriffs und einer erfolgreichen Angriffsserie. Dem Gegner kann kein Erbarmen gezeigt werden, den er wird auch keins zeigen. Wird der Gegner nicht ausgeschaltet, so kann dies für den Bajonettkämpfer auf dem Gefechtsfeld schnell zum Tod führen.

Beispiele für Kombinationstechniken

Die folgend aufgeführten Kombinationen erlauben den besten Übergang von einer Angriffstechnik zu einer anderen mit dem kleinstmöglichen Zeitverlust und ohne überflüssige Bewegungen. Dies ermöglicht es dem Bajonettkämpfer, den Angriff fortzusetzen, ohne erst nach einem erfolglosen oder abgewehrten ersten Angriff in die Kampfstellung zurückkehren zu müssen und dabei zu riskieren, die Initiative zu verlieren, da dies dem Gegner erlauben kann, nun seinerseits zum Angriff überzugehen. Das Training von Kombinationen muß immer die Wirkung im Ziel und die aggressive Aktion durch Einsatz von natürlichen Bewegungen und Techniken betonen, im Gegensatz zu einstudierten, präzise erlernten und stereotypen

Bewegungen. Instinktive, aggressive Aktionen und gutes Gleichgewicht sind die Schlüssel zur Offensive und zum Sieg mit dem Bajonett.

Die folgenden Beispiele für Kombinationstechniken haben sich unter den oben genannten Gesichtspunkten für den Bajonettkampf bewährt:

1. Kampfstellung – Schnitt – Kolbenschlag aufwärts – Zurückkehren in die Kampfstellung

2. Kampfstellung – Schnitt seitwärts – Kolbenschlag seitwärts – Zurückkehren in die Kampfstellung

3. Kampfstellung – Stich – Kolbenschlag aufwärts – Kolbenstoß – Schnitt – Zurückkehren in die Kampfstellung

4. Kampfstellung – Parade links – Kolbenschlag aufwärts – Kolbenstoß – Schnitt – Zurückführen in die Kampfstellung

5. Kampfstellung – Parade links – Kolbenschlag seitwärts zum Kopf – Kolbenstoß – Schnitt – Zurückkehren in die Kampfstellung

6. Kampfstellung – Parade links – Schnitt – Kolbenschlag seitwärts zu den Nieren – Zurückkehren in die Kampfstellung

7. Kampfstellung – Parade rechts – Stich – Zurückkehren in die Kampfstellung

8. Kampfstellung – Parade rechts – Stich – Kolbenschlag aufwärts zum Unterleib – Schnitt – Zurückkehren in die Kampfstellung

9. Kampfstellung – Seitblock rechts gegen Schnitt – Kolbenschlag aufwärts – Kolbenstoß – Zurückkehren in die Kampfstellung

10. Kampfstellung – Block unten gegen Kolbenschlag aufwärts – Schnitt seitwärts – Kolbenschlag seitwärts – Zurückkehren in die Kampfstellung

11. Kampfstellung – Block unten gegen Kolbenschlag aufwärts – Stich – Kolbenschlag seitwärts – Zurückkehren in die Kampfstellung

12. Kampfstellung – Block unten gegen Kolbenschlag aufwärts – Schnitt seitwärts – Kolbenschlag aufwärts – Kolbenstoß – Zurückkehren in die Kampfstellung

Weitere Kombinationen kann der Bajonettkämpfer selbst entwickeln während seines Trainings, insbesondere in Übungskämpfen mit Trainingswaffen, um das einzusetzen, was für ihn selbst am natürlichsten ist und am besten funktioniert.

TEAMARBEIT BEI ANGRIFF UND VERTEIDIGUNG

Soldaten kämpfen selten allein. In den meisten Fällen erfolgt der Einsatz zumindest im Gruppenrahmen, wobei diese einzelnen Gruppen häufig Bestandteil einer größeren Einheit sind. Diese kleine Kampfgemeinschaft, die aus einem Team von nur zwei Soldaten oder aus einem ganzen Dutzend bestehen mag, kann entweder ganz auf sich allein gestellt operieren oder sich gegenseitig mit anderen Teams unterstützen. Es ist daher wichtig, daß nicht nur der gemeinsame Feuerkampf und das taktische Verhalten im Einsatz mit Feuerwaffen und beim Vorgehen auf dem Gefechtsfeld erlernt werden, sondern daß die Soldaten auch für den Bajonettkampf im Trupp- und Gruppenrahmen ausgebildet werden, um sich gegenseitig bei Angriff und Verteidigung im Nahkampf bestmöglich unterstützen zu können.

Alle Soldaten im Teameinsatz setzen die gleichen Einzeltechniken ein, die zuvor für den einzelnen Bajonettkämpfer in den anderen Abschnitten dieses Buches beschrieben worden sind. Es sind keine neuen Techniken zu erlernen, wodurch das Training der Teamarbeit erheblich vereinfacht wird. Teamarbeit ist äußerst wichtig in jeder Lebenslage, ganz besonders aber im Kampfeinsatz. Das Bajonettkämpferteam kann ein paar wenige einfache Taktiken anwenden, um den Vorteil der Überzahl auszunutzen, bevor der Gegner seine Position verstärken kann. Teamarbeit kann ebenfalls eingesetzt werden, um eine zahlenmäßige Überlegenheit des Gegners zu überwinden. Schnelligkeit, Entschlossenheit und ein aggressives Vorgehen sind entscheidend für den erfolgreichen Einsatz des Teams.

Angriff Zwei gegen Einen

Zwei Soldaten nähern sich einem einzelnen Gegner. Da sie nicht in der Lage sind, seine Aktionen hervorzusehen, nähern sie sich ihm direkt von vorn, wobei sie

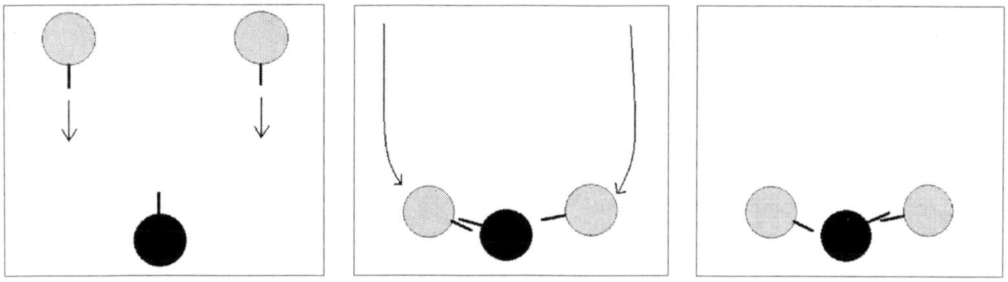

Schritt 1: Herangehen an den Gegner | **Schritt 2: Bekämpfen des Gegners** | **Schritt 3: Angriff von der ungedeckten Flanke aus**

ausreichend Sicherheitsabstand zwischeneinander lassen. Keiner von ihnen geht aber schon direkt an den Gegner heran. Während sich der Abstand verringert, wird der Gegner seine Aufmerksamkeit gegen einen der beiden richten (im Beispiel auf der Vorseite gegen den Soldat, der sich ihm von links nähert). Dieser Soldat nähert sich schnell dem Gegner und greift ihn an. Der andere Soldat bewegt sich gleichzeitig schnell in die offene Flanke des Gegners und schaltet ihn aus. Sollte der Gegner sich herumwenden, um seine ungeschützte Flanke zu decken, öffnet er seine andere Seite und kann von dem Bajonettkämpfer ausgeschaltet werden, der ihn zuerst angegriffen hat. Bei solch einem kombinierten Angriff ist normalerweise der Soldat, der den Gegner ausschaltet, derjenige, der die ungedeckte, offene Seite angreift. Das Herangehen, Angreifen und Ausschalten wird in wenigen Sekunden durchgeführt. Die Wichtigkeit von Schnelligkeit und Aggressivität hierbei ist offensichtlich. Siehe Abbildungen auf der Vorseite.

Angriff Drei gegen Zwei

Drei Soldaten nähern sich zwei Gegnern. Die Soldaten nähern sich direkt von vorne, dabei die Reaktion ihrer Gegner erwartend. Zwei Soldaten werden angreifen. Der dritte bewegt sich dann schnell gegen die ungeschützte Flanke eines der beiden Gegner, normalerweise demjenigen, der ihm am nächsten steht. So bald ein Gegner ausgeschaltet ist, wird der andere schnell angegriffen an seiner offenen Flanke von dem Soldat, der ihn als erstes erreichen kann. Sollte sich einer der von der Seite aus angegriffenen Gegner herumdrehen, um diese Flanke zu verteidigen, wird er schnell von dem Soldat ausgeschaltet werden, der ihn ursprünglich frontal angegriffen hat. Siehe Abbildungen unten.

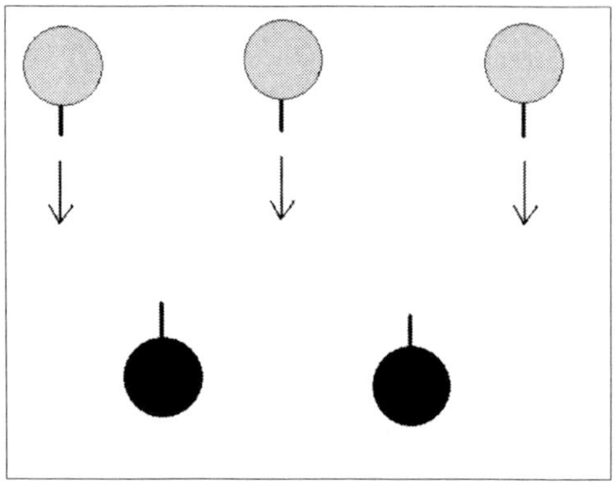

Schritt 1: Herangehen an die Gegner

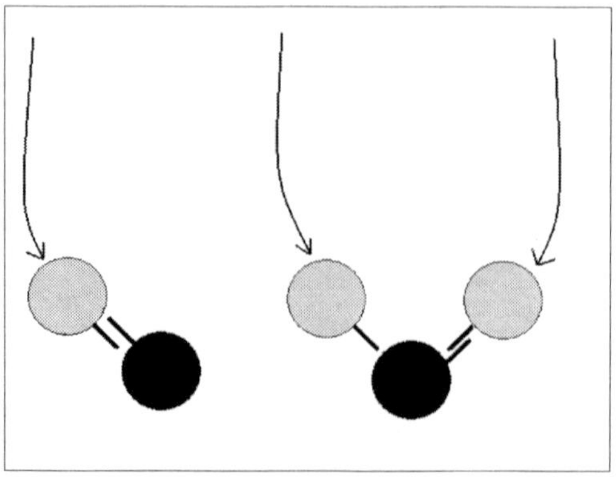

Schritt 2: Bekämpfen der Gegner

Verteidigung Einer gegen Zwei

Wenn der Bajonettkämpfer von zwei Gegnern angegriffen wird, bewegt er sich sofort zur Außenseite des nächststehenden Gegners. Sollte er es geschehen lassen, daß er selbst zwischen die beiden Gegner gerät und „eingezwängt" wird, kann er von ihnen leicht getötet werden. Er behält ständig einen Gegner zwischen sich und dem zweiten Gegner, damit der Gegner seine zahlenmäßige Überlegenheit nicht

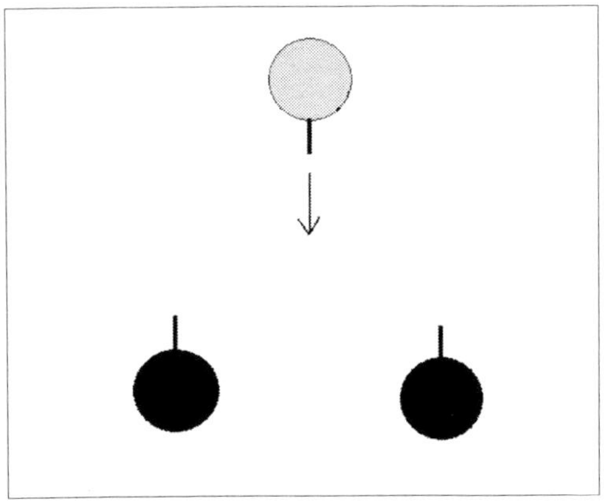

Schritt 1: Herangehen an die Gegner

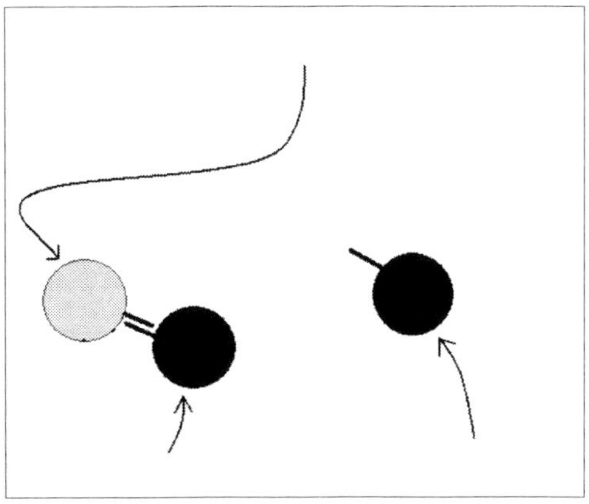

Schritt 2: Gegner umgehen und den ersten von der Flanke her angreifen

ausnutzen kann. Auf diese Weise hat der Bajonettkämpfer es nur mit einem Gegner zur Zeit zu tun, so daß sie einer nach dem anderen angegriffen und ausgeschaltet werden können. Ein schonungsloser, harter Angriff und schnelles Erledigen des einen Gegners, bevor der zweite herankommen kann, um dem ersten zu helfen, wendet das Blatt in dieser Situation. Siehe Abbildungen oben.

Verteidigung Zwei gegen Drei

Wenn zwei Soldaten von drei Gegnern angegriffen werden, bewegen sich beide zu den Flanken des Gegners, wobei sie einen Gegner in der Mitte lassen. Jeder Soldat greift seinen Gegner schonungslos an und erledigt ihn, bevor derjenige in der Mitte handeln kann, um seinen Kameraden zu helfen. Wie beim vorherigen Beispiel ist auch hier jeweils ein Gegner zwischen den Bajonettkämpfer und den dritten Gegner zu bringen, damit die Gegner einzeln einer nach dem anderen bekämpft werden können. Hat ein Soldat seinen Gegner besiegt, wendet er sich dem einzelnen Gegner in der Mitte zu. Erneut wird der Sieg im Kampf an diejenige Seite gehen, die hier schnell und aggressiv handelt. Siehe Abbildungen unten.

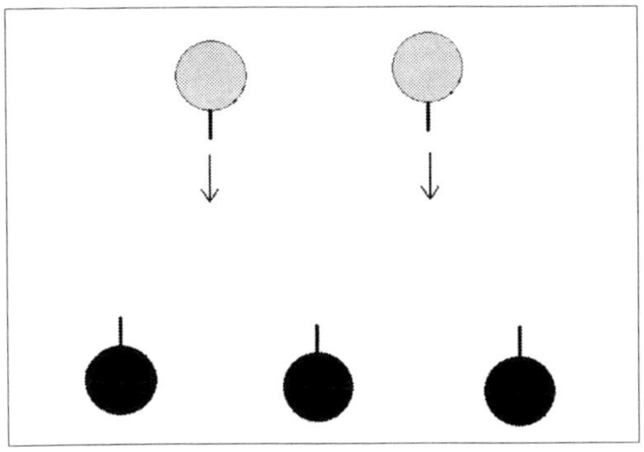

Schritt 1: Herangehen an die Gegner

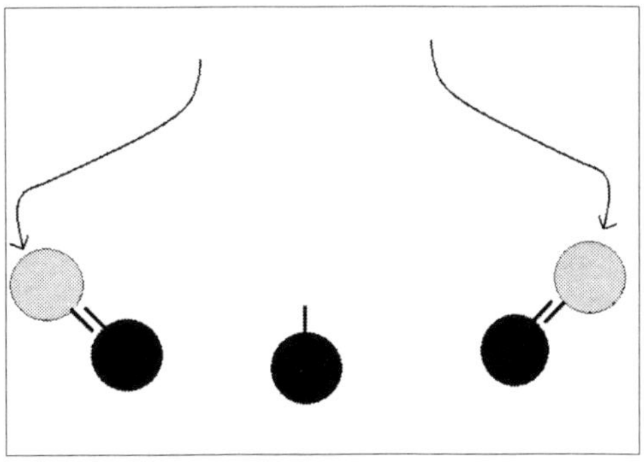

Schritt 2: Gegner umgehen und von den Flanken her angreifen

TRAININGSMETHODEN

Zusätzlich zur Einführung der Schüler in die einzelnen Angriffs- und Verteidigungstechniken des Bajonettkampfes sollten die anfänglichen Stufen des Trainings die Entwicklung von Schnelligkeit, richtiger Form, Gleichgewicht, Timing, Koordination und einer entschlossenen, aggressiven Einstellung betonen, die alle wichtig in einem Bajonettkampf sind. Der Ausbilder arbeitet daran, eine natürliche Entschlossenheit in dem Bajonettkämpfer zu entwickeln. Das Ziel muß für ihn sein, die Initiative zu erringen. Jeder Schüler führt, während er die Techniken ausführt, einen Kampfschrei aus, um die richtige Angewohnheit für den Kampf schon im Training zu bekommen. Dies gibt dem Schüler das Selbstvertrauen, die Entschlußkraft und die Begeisterung, die er für den Bajonettkampf braucht. Der Ausbilder versucht, wenn möglich den Kampfschrei spontan herauskommen zu lassen. Falls Schüler darin versagen, es richtig zu machen, werden sie dazu ermutigt und gefördert, bis sie es tun. Dieser Kampfschrei, in den asiatischen Kampfkünsten als Kiai bezeichnet, hat nicht nur großen psychologischen Wert, sondern dient auch der Stabilität während der Ausführung einer Technik, da dabei die Bauchmuskeln angespannt werden und so der Rumpf stabilisiert wird.

Späteres wiederholendes oder weiterführendes Training muß den Geist der Aggressivität weiter entfachen. Abwechslung und Variationen werden beim Training eingesetzt, um Langeweile und unnötige Wiederholungen zu vermeiden. Der Einsatz von Trainingshilfen wie gepolsterten Übungswaffen, Trainingskämpfe und Bajonettsturmbahn bieten diese Abwechslung und sind äußerst wertvolle Trainingsmittel. Bajonettkampftraining sollte so energisch und anstrengend wie möglich sein, um zur körperlichen Kondition der Schüler beizutragen. Es sollte betont werden, daß das Bajonettkämpfen nichts für weiche und dickbäuchige Personen ist. Auch wenn der Bajonettkampf mit einem Gegner nur wenige Sekunden andauern mag, wirkt sich der allgemeine Streß und die Erschöpfung des Soldaten auf dem Gefechtsfeld äußerst nachteilig auf seine Überlebenschancen aus. Eine hervorragende Kondition und körperliche Fitness sind deshalb zwingend notwendig, um sowohl das harte Training als auch den tatsächlichen Kampf mit einem Gegner zu durchstehen. Das Bajonettkampftraining dient hierbei als eine weitere praxisnahe Möglichkeit, um die Soldaten auf den Kampfeinsatz insgesamt vorzubereiten.

Vorführung und Anwendung der Grundlagen

Die empfohlene Reihenfolge im Ablauf für Vorführung und Anwendung der Grundlagen und Techniken des Bajonettkampfes sieht wie folgt aus:

1. Kampfstellung
2. Beinarbeit
3. Angriffstechniken
4. Verteidigungstechniken
5. Kombinationen
6. Teamarbeit

Jede Position und Technik wird vom Chefausbilder im Detail erklärt und vorgeführt. Sowohl Kampfstellung und Beinarbeit als auch Angriffs- und Verteidigungstechniken werden langsam und ausführlich abgehandelt.

Nach einer ausführlichen Erklärung und Vorführung gehen die Schüler langsam all das durch, was durch den Ausbilder behandelt worden ist. Die Ausführung erfolgt in langsamen Bewegungen, der Reihe nach, Schritt für Schritt, bis sie ausreichend vertraut mit dem sind, was ihnen beigebracht worden ist. Die Schnelligkeit wird langsam gesteigert, während die Schüler mit den Techniken mehr vertraut werden, bis sie schließlich mit voller Geschwindigkeit durchgeführt werden. Timing, Begeisterung und ein aggressiver Kampfgeist werden während des gesamten Trainings aufrechterhalten.

Die gesamte Reihenfolge und die Bewegungsabläufe sollten für eine Gruppe von Techniken beendet worden sein, bevor die nächste gelehrt wird. Der Schüler sollte beispielsweise eingehend vertraut sein mit der Kampfstellung und der Beinarbeit und sie ausreichend gemeistert haben, bevor er in die als nächstes im Trainingsplan folgenden Angriffstechniken eingeführt wird.

Nachdem die Einzeltechniken gemeistert worden sind, werden Kombinationen und Folgetechniken gelehrt. Diese Techniken werden dann von den Schülern solange geübt, bis sie in Fleisch und Blut übergehen. Die wirkungsvollste Folgetechnik hängt von der Reaktion des Gegners in der jeweiligen Situation ab. Diese Techniken werden hervorgehoben und eingeübt, bis sie ganz automatisch ausgeführt werden können. Der Bajonettkämpfer kann nicht abstoppen, um sich erst seine nächste Technik oder seinen nächsten Schritt zu überlegen. Es ist notwendig, daß der Schüler in der Lage ist, eine kraftvolle, aggressive Serie von Angriffstechniken auszuführen, begleitet von der richtigen Beinarbeit, ohne zu zögern oder Unentschlossenheit zu zeigen.

Das Üben von Angriffs- und Verteidigungstechniken mit einem anderen Schüler mit halber Geschwindigkeit erleichtert das Korrigieren von Fehlern bei der Ausführung. Die beiden Schüler korrigieren sich gegenseitig, und Hilfsausbilder bewegen sich zwischen den Schülern, um beim Korrigieren zu unterstützen.

Während des Trainings sollte der Schüler entspannt sein, um Steifheit zu vermeiden. Die Waffen sollten fest, aber nicht verkrampft gehalten werden. Alle einzelnen Abschnitte des Bajonettkampfes werden geübt, bis sie instinktiv ausgeführt werden können. Der Schüler muß in der Lage sein, Öffnungen in der Deckung des Gegners zu erkennen und in diese Lücken hinein anzugreifen, ohne erst nachdenken zu müssen, und den Angriff fortsetzen, bis der Gegner ausgeschaltet ist.

BAJONETTKAMPFBAHN

Der Einsatz einer Bajonettkampfbahn bietet zahlreiche Möglichkeiten für die Schüler, die erlernten Techniken in einer realitätsnahen Umgebung mit vollem Krafteinsatz gegen feste Ziele einzusetzen. Es müssen dabei Hindernisse überwunden und Ziele hinter Deckungen und in Kampfständen bekämpft werden, während der Schüler bei seinem Vorgehen gleichzeitig auch noch gegen die Uhr kämpft. Diese Art der Ausbildung kommt den tatsächlichen Gegebenheiten auf dem Gefechtsfeld sehr nahe. Die Bajonettkampfbahn dient dazu, den Bajonettkämpfer mit Situationen vertraut zu machen, die solche simulieren, mit denen er in einem tatsächlichen Kampfeinsatz auf dem Gefechtsfeld konfrontiert wird. Sie hilft bei der Entwicklung von Schnelligkeit, Kraft und Ausdauer des Schülers, nicht nur für den Bajonettkampf, sondern auch ganz allgemein für den Einsatz. Auf ihr kann die Entschlossenheit und Willenskraft des Schülers herausgefordert werden. Dies sind Qualitäten, die äußerst wichtig im Bajonettkampf sind. Sie bietet nicht nur die Möglichkeit, die Fertigkeiten im Bajonettkampf weiterzuentwickeln und die verschiedenen Techniken instinktiv und natürlich werden zu lassen, sondern auch, um sich gute Angewohnheiten im Bajonettkampf anzueignen.

Herstellung und Bauanleitung

Die Bajonettkampfbahn kann in jedem vorhandenen Gelände angelegt werden und sollte mindestens zwischen 200 m und 300 m lang sein. Rauhes, unebenes Gelände bietet hierbei Möglichkeiten für ein hervorragendes körperliches Konditionstraining. Natürliche Hindernisse wie z.B. Bäche, Gräben, Hügel, dichtes Buschwerk, Bäume u.ä. können verwendet werden, um die Bajonettkampfbahn schwieriger zu machen. Künstliche Hindernisse wie etwa Stacheldrahtverhaue, Mauern, Baumstammwände, Schwebebalken, Sandsackwälle, Hürden und Zäune können ebenfalls problemlos eingefügt werden. Einige Beispiele für einfach zu erstellende, künstliche Hindernisse zeigen die Abbildungen auf den folgenden Seiten, die zwischen den Angriffszielen eingefügt worden sind.

Diese zwölf hier vorgestellten Ziele können aus herkömmlichen, nahezu überall vorhandenen Baumaterialien einfach hergestellt und mit einfachen Werkzeugen zusammengebaut werden. Sie bestehen zum größten Teil aus alten Autoreifen, Zeltplanen und Vierkanthölzern mit den Maßen 10x5 cm und 10x10 cm. Die Ziele Nr. 1, 3 und 12 haben bewegliche, hervorstehende Holzarme (ähnlich der Arme an den im chinesischen Kung Fu verwendeten Muk Yan Chong-Holzpuppen), die die gegnerische Waffe darstellen und einfach herzustellen sind. Die künstlichen Hindernisse können z.B. aus Baumstämmen, Sand, Holzbrettern und Stacheldraht hergestellt werden.

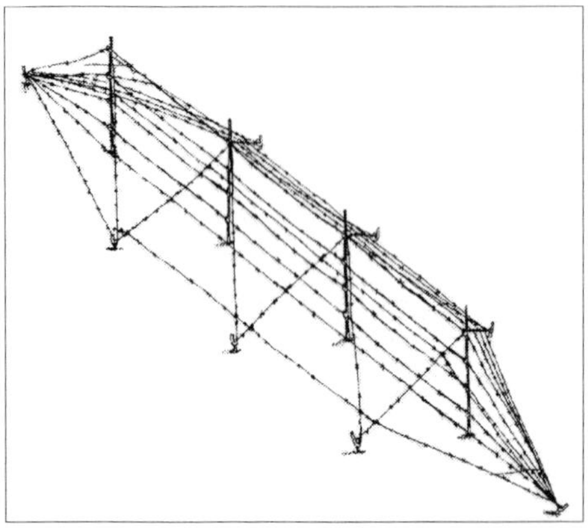

Hindernis 1: Stacheldrahtverhau

Die Ziele sollten weit genug von einander entfernt aufgestellt werden, um ein manövrieren zwischen ihnen und von einem Ziel zum nächsten zu erlauben. Es sollten mindestens acht Ziele für Bajonettangriffe vorhanden sein, damit ausreichend verschiedene Techniken ausgeführt werden können. Wenn das Gelände und die Mittel es erlauben, können auch jeweils etwa zehn gleiche Ziele und Hindernisse nebeneinander aufgebaut werden, so daß dann eine ganze Gruppe von Soldaten gleichzeitig vorstürmen und die Bajonettkampfbahn im Gruppenrahmen überwinden kann. Alle Soldaten führen hierbei die selben Techniken an ihren jeweiligen Zielen aus. Dieser gleichzeitige Einsatz der ganzen Gruppe wirkt sich vorteilhaft auf die Teamarbeit und die Kampfmoral aus.

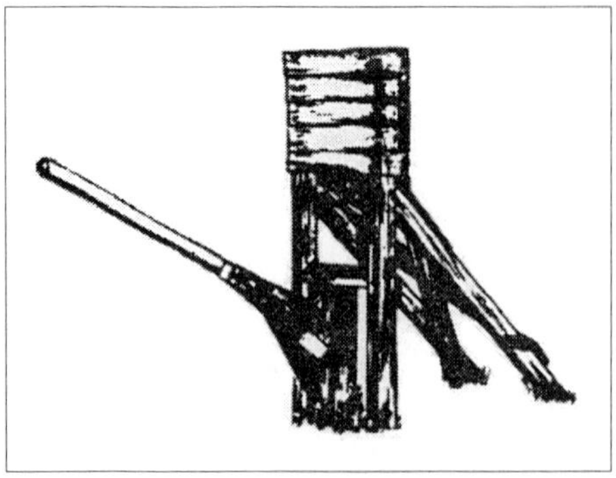

Ziel 1: Parade rechts, Stichangriff

Angriffsziele und Hindernisse

Der Aufbau und Ablauf der hier beschriebenen Bajonettkampfbahn, der nur als ein Beispiel gelten soll, besteht aus zwölf Zielen und acht Hindernissen. Diese Ziele dienen als einfache Beispiele dafür, was benutzt werden kann, um eine eigene Bajonettkampfbahn aufzubauen. Sie können problemlos in unterschiedlichster Reihenfolge aufgebaut werden. Die Anzahl und Art der Ziele und Hindernisse, die in einer Bajonettkampfbahn verwendet werden, hängt vom Einfallsreichtum des Erbauers und den örtlichen Gegebenheiten ab. Es mag z.B. möglich sein, einige dieser Ziele in eine bereits bestehende Kampfbahn zwischen deren Hindernissen mit einzubauen, um Aufwand und Kosten gering zu halten. Auch können einzelne Ziele in einer Orts- und Häuserkampfanlage eingefügt werden, sowohl in den Gebäuden als auch außerhalb. Um die Waffen zu schonen und vor Beschädigungen durch zu häufigen Gebrauch an harten Zielen zu schützen, sollten die hier dargestellten Ziele mit einer Übungswaffe angegriffen werden, die dem eingesetzten Dienstgewehr in Gewicht, Form und Abmessungen so genau wie möglich nachgeahmt sein soll.

Ziel 2: Kolbenstoß

Hindernis 1: Stacheldrahtverhau

Das Hindernis Nr. 1 ist ein einfacher, breiter Stacheldrahtzaun bzw. Drahtverhau, der vom Soldat zu überspringen ist. Siehe Abbildung oben auf der Vorseite.

Angriffsziel 1: Stichangriff

Ziel Nr. 1 stellt einen Gegner dar, der mit vorgehaltener Waffe einen Bajonettstich zum Oberkörper ausführt. Angriffstechnik des Bajonettkämpfers an diesem Zielobjekt: Parade rechts, Schritt vorwärts und Stichangriff zum Oberkörper. Siehe Abbildung auf der Vorseite.

Angriffsziel 2: Kolbenstoß

Ziel Nr. 2 stellt ein Ziel dar, das am besten mit einem Kolbenstoß zur Zielmitte angegriffen wird. Siehe Abbildung unten auf der Vorseite.

Hindernis 2: Drahthindernis

Hindernis Nr. 2 ist ein Drahthindernis, das vom Bajonettkämpfer der Länge nach zu durchkriechen ist. Die Holzrahmen des Hindernisses sollten etwa eine Öffnung von 60 cm Breite und 60 cm Höhe bilden. Siehe Abbildung oben.

Angriffsziel 3: Kolbenschlag aufwärts

Ziel Nr. 3 stellt einen Gegner mit Waffe im Stichangriff zum Bauch dar. Angriffsweise: Parade links, Schritt vorwärts und Kolbenschlag aufwärts. Siehe Abbildung oben.

Hindernis 3: Schwebebalken und Leiter:

Das Hindernis Nr. 3 ist eine Kombination aus Schwebebalken und Leiter und führt über einen Bach, einen Graben oder eine Grube

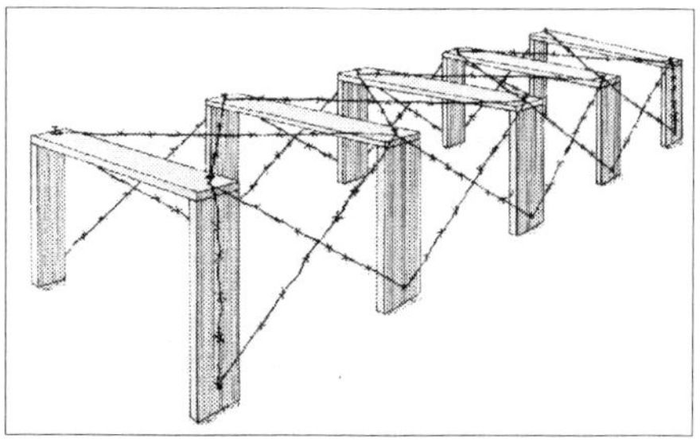

Hindernis 2: Drahthindernis

Angriffsziel 3: Parade links, Kolbenschlag aufwärts

Hindernis 3: Schwebebalken und Leiter

Ziel 3: Stichangriff

Hindernis 4: Doppelhürde

Ziel 5: Stich gegen Gegner hinter Deckung

hinweg. Der Bajonettkämpfer balanciert über den Schwebebalken und läuft dann über die Querstreben der Leiter. Siehe Abbildung auf der Vorseite.

<u>Angriffsziel 4: Stichangriff</u>

Ziel Nr. 4 stellt einen Gegner dar, der auf den Bajonettkämpfer zuläuft. Der Schüler führt einen Bajonettstich so aus, daß die Klinge die Mitte des Zieles durchdringt. Der Ausbilder betont die Wichtigkeit des Herausziehens der Klinge vor dem Weiterlaufen. Siehe Abbildung unten auf der Vorseite.

<u>Hindernis 4: Doppelhürde</u>

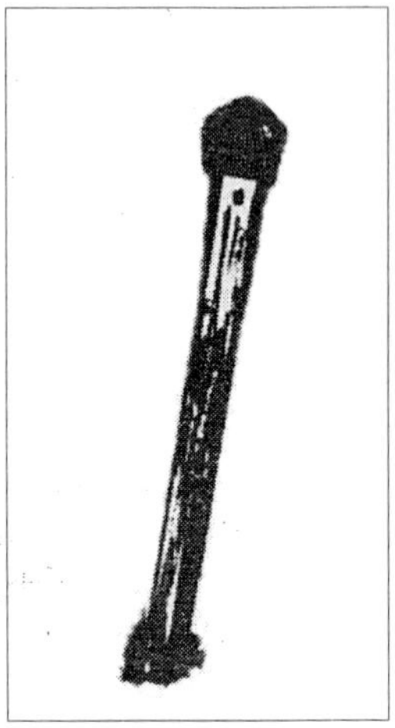

Ziel 6: Kolbenschlag seitwärts

Hindernis Nr. 4 sind zwei dicht hintereinander stehende Hürden, die der Bajonettkämpfer zu überwinden hat. Die Höhe beider Hürden kann entweder gleich hoch sein, oder aber die zweite Hürde wird höher gebaut.

<u>Angriffsziel 5: Stich gegen Gegner hinter Deckung</u>

Ziel Nr. 5 stellt einen Gegner hinter einer Deckung (Erdwall, Sandsackmauer o.ä.) bzw. in einem Kampfstand dar. Der Soldat stürmt über die Brustwehr vor, springt hinter den Sandwall bzw. in den Kampfstand hinein, dreht sich herum und wendet sich dem Gegner zu, um ihm entgegenzutreten, führt einen Stich aus und zieht dann die Klinge zurück, bevor er weiterläuft. Siehe Abbildung oben.

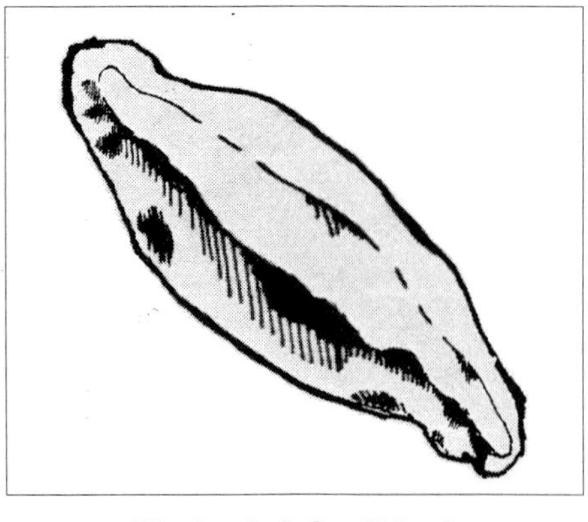

Hindernis 5: Sandhügel

<u>Angriffsziel 6: Kolbenschlag seitwärts</u>

Ziel Nr. 6 ist ein Ziel für einen Kolbenschlag seitwärts. Der Soldat führt den Kolbenschlag seitwärts so aus, daß er den Sack oben auf dem Pfahl trifft. Siehe Abbildung links auf dieser Seite.

<u>Hindernis 5: Sandhügel</u>

Hindernis Nr. 5 ist ein Sandhügel, der mehrere Meter hoch sein sollte. Der Soldat hat diesen Hügel zu überwinden, in dem er auf der einen Seite hinauf und dann auf der anderen wieder herunterläuft. Siehe Abbildung unten auf der Vorseite.

Angriffsziel 7: Schnittangriff

Ziel Nr. 7 stellt Kopf und Schultern eines Gegners dar, die aus einem Schützenloch herausragen. Der Soldat führt einen Schnitt gegen den aus dem Erdboden ragenden Reifenteil des Zieles aus, das den Oberkörper des Gegners darstellt. Siehe Abbildung rechts oben.

Ziel 7: Schnittangriff

Angriffsziel 8: Kolbenschlag aufwärts

Ziel Nr. 8 ist ein Ziel für einen Kolbenschlag aufwärts. Angriffstechnik: Schritt vorwärts mit Kolbenschlag aufwärts. Siehe Abbildung rechts.

Ziel 8: Kolbenschlag aufwärts

Hindernis 6: Baumstammwand

Das Hindernis Nr. 6 ist eine Wand aus Baumstämmen. Es können auch Mauerwände oder Holzwände verwendet werden. Die Höhe sollte etwa 2 m betragen. Überwunden wird die Baumstammwand mit einer der bekannten Eskaladierwandtechniken. Siehe Abbildung rechts.

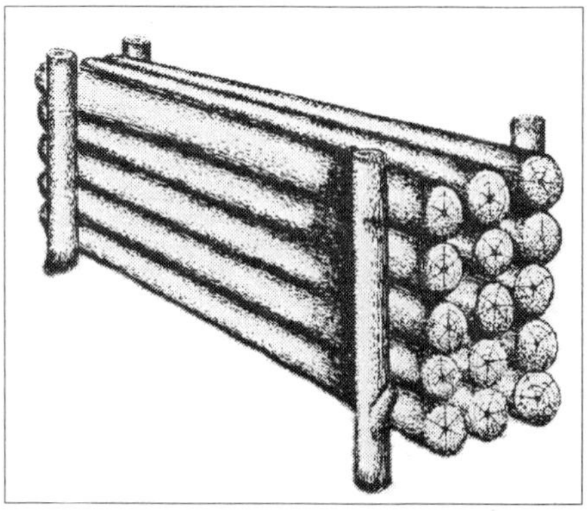

Hindernis 6: Baumstammwand

Angriffsziel 9: Stich gegen Gegner in Granattrichter

Ziel Nr. 9 stellt einen in einem Granattrichter liegenden Gegner dar. Vorgehensweise: Der Soldat springt in den Trichter hinein und führt einen Stich gegen das am Boden liegende Ziel aus, zieht die Klinge heraus und setzt seinen Weg weiter fort. Siehe Abbildung rechts.

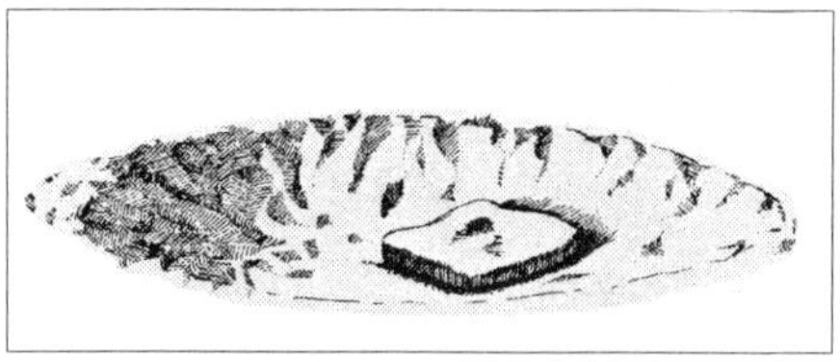

Ziel 9: Stich gegen Gegner in Granattrichter

Angriffsziel 10: Kolbenstoß

Ziel Nr. 10 ist ein Ziel für einen Kolbenstoß zum Kopf gegen einen abgeduckt stehenden

Ziel 10: Kolbenstoß

Gegner. Angriffstechnik: Schritt vorwärts mit Kolbenstoß zum Kopf. Siehe Abbildung links.

Hindernis 7: Graben mit Stacheldraht

Hindernis Nr. 7 ist ein Graben, der mit Stacheldraht ausgelegt ist. Die Grabenbreite sollte etwa 2 m betragen. Der Soldat überwindet dieses Hindernis mit einem Sprung. Siehe Abbildung links auf dieser Seite.

Angriffsziel 11: Waffenstoß

Ziel Nr. 11 dient als Ziel für einen Waffenstoß. Der Soldat führt einen Waffenstoß mit der Mitte seiner Waffe gegen den Sack am Galgenziel aus. Siehe Abbildung links.

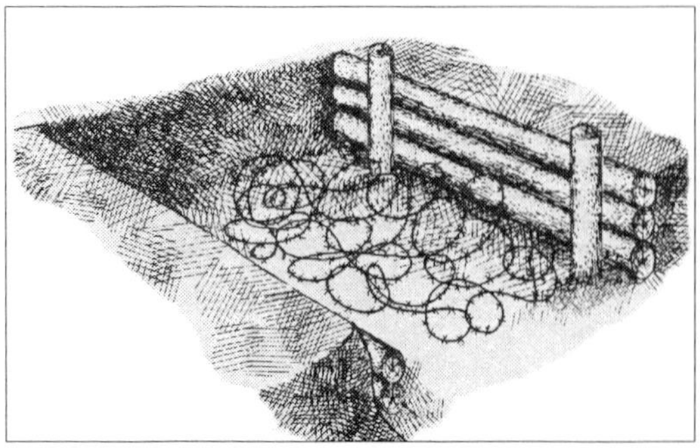

Hindernis 7: Graben mit Stacheldraht

Hindernis 8: Einzelhürde

Hindernis Nr. 8 ist eine einzelne Hürde, die der Bajonettkämpfer zu überwinden hat. Die Höhe sollte mindestens 1 m betragen, damit das Hindernis nicht einfach leicht übersprungen werden kann, sondern überwunden werden muß. Siehe Abbildung oben auf der nächsten Seite.

Angriffsziel 12: Mehrzweckziel

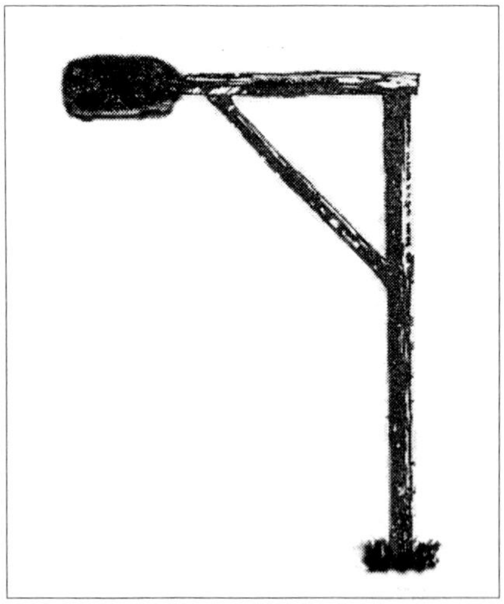

Ziel 12: Waffenstoß

Ziel Nr. 12 ist ein Mehrzweckziel, das in Verbindung mit grundlegendem und auch fortgeschrittenem Bajonettkampftraining eingesetzt werden kann. Es ist preiswert herzustellen und vielseitig verwendbar. Der Soldat hat die freie Wahl in seinen Angriffsmethoden und kann alle gelernten Bajonettechniken gegen dieses Ziel einsetzten. Es kann dazu verwendet werden, eine „freie“ Technik innerhalb einer festgelegten Bajonettkampfbahn einzubinden, abhängig von Schnelligkeit und Fertigkeit des Einzelnen. Oder es kann verwendet werden als alleiniges Zielmodell in der ganzen Bajonettkampfbahn, bei der die Hilfsausbilder dann die unterschiedlichen Angriffsmethoden an jedem einzelnen der Mehrzweckziele ansagen, um die Vorgehensweise der Soldaten gegen dieses Mehrzweckziel zu variieren. Siehe Abbildung unten auf der nächsten Seite.

Sicherheitsvorkehrungen

Soldaten sollten die Bajonettkampfbahn zu Anfangs erst mit nur mittelmäßiger Geschwindigkeit ablaufen und ihre Geschwindigkeit dann steigern, wenn sich ihre Techniken und körperliche Kondition verbessern. Die Ausbilder stellen sicher, daß Disziplin und Kontrolle aufrechterhalten bleiben. Der Chefausbilder und seine Hilfsausbilder positionieren sich selbst entlang der Bajonettkampfbahn in der Nähe der einzelnen Ziele, um die Angriffsmethoden zu begutachten und notwendige Korrekturen und Verbesserungen vorzunehmen. Zusätzlich sollten die folgenden Sicherheitsmaßnahmen eingehalten werden:

Hindernis 8: Einzelhürde

1. Sicherstellen, daß das Bajonett sicher und fest auf der Waffe aufgepflanzt ist, bevor die Bajonettkampfbahn betreten wird.

2. Die Soldaten davor warnen, daß sie in einer Linie mit den Zielen bleiben. Ernsthafte Verletzungen können sich ereignen, falls den Soldaten erlaubt wird, im Zickzack durch den Parcours zu laufen.

3. Den Soldaten nicht erlauben, das erste Ziel der Bajonettkampfbahn anzugreifen, bevor die vorauslaufende Person nicht bereits das dritte Ziel erreicht hat.

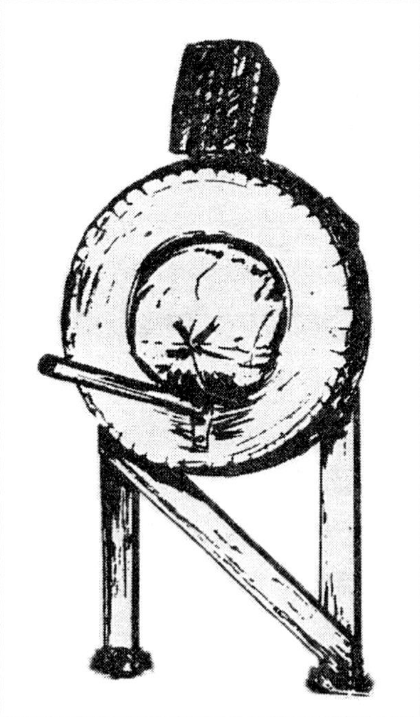

Ziel 12: Mehrzweckziel

4. Wenn das letzte Ziel bekämpft worden ist, sollte der Soldat auf einem besonders markierten Weg zum Sammelpunkt am Anfang der Bajonettkampfbahn zurückkehren, wobei dieser Rückweg so anzulegen ist, daß er mindestens 5 m vom nächstgelegenen Ziel entfernt bleibt.

Vorführung und Ausführung

Die erste Phase des Bajonettkampfbahntrainings schließt eine Vorführung der Angriffstechniken für jedes einzelne Ziel durch den Chefausbilder ein. Der Ausbilder läuft danach die gesamte Bajonettkampfbahn ab, wobei er die korrekte Technik an jedem einzelnen Ziel einsetzt. Die Soldaten üben dann ihre Techniken an den einzelnen Zielen. Wenn die Soldaten ausreichende Fertigkeiten an allen Zielen erreicht haben, bewegen sie sich durch den gesamten Kurs ohne Unterbrechungen in einem Stück hindurch.

TRAININGSKÄMPFE

Es gibt keinen Ersatz für die praktische Ausführung, wenn es um das Erlernen einer körperlichen Fertigkeit geht. Richtiger Bajonettkampf mit Vollkontakt, selbst mit stumpfen Bajonetten oder aufgepflanzten Bajonetten, bei denen die Bajonettscheide auf dem Bajonett bleibt, ist wegen der großen Verletzungsgefahr, die darin enthalten ist, ungeeignet. Übungskämpfe mit gepolsterten Trainingswaffen jedoch kommen den tatsächlichen Bajonettkämpfen sehr nahe und können durchgeführt werden, ohne ernsthafte Verletzungen für einen der beteiligten Bajonettkämpfer zu verursachen. Die Ausführung der Techniken des Bajonettkampfes als Reaktion auf die mündlichen Kommandos von Ausbildern beschränkt sich hier beim Kampf mit Trainingswaffen auf ein Minimum. Diese Art des Trainings ist notwendig, um die Techniken zu lehren, aber wenn sie erst einmal erlernt worden sind, muß der Soldat sie automatisch als Reaktion auf die Bewegungen seines Gegners ausführen. Der Bajonettkämpfer kann für sich selbst die Wichtigkeit darin erkennen lernen, sowohl sofort zum Angriff überzugehen, als auch die Wichtigkeit der Aggressivität und Entschlossenheit im Kampf. Er erkennt, welche Kombinationen von Techniken erfolgreich sind und lernt die Resultate zu verstehen, die das Begehen von Fehlern in einem richtigen Bajonettkampf mit sich bringen wird. Bei diesen Übungskämpfen lernt er die wahre Bedeutung des Begriffes „Töten oder getötet werden“ hautnah kennen.

Schutzausrüstung und Vorsichtsmaßnahmen

Bei allen Trainingskämpfen mit gepolsterten Übungswaffen sollten die Schüler mit folgender Schutzausrüstung ausgestattet sein:

1. Ein Schutzhelm mit Gitter oder Schutzmaske
2. Gepolsterte Schutzhandschuhe
3. Tiefschutz

Die Ausbilder in Kontrolle der Übungswaffenkämpfe achten darauf, daß von den an den Kämpfen beteiligten Schülern richtige Bajonettkampfvorgehensweisen befolgt werden. Der korrekte Bajonettkampfgriff wird zu jedem Zeitpunkt beibehalten. Die gepolsterte Trainingswaffe ist nicht wie ein Baseballschläger zu benutzen. In keinem Fall lassen die Hände die Trainingswaffe los. Weder Werfen noch Schwingen oder Herumschleudern sind erlaubt, da dies nicht den vorher erlernten Techniken dieses Bajonettkampfsystems entspricht und zu schlechten

Angewohnheiten führt, die in einem tatsächlichen Kampfeinsatz tödlich enden können.

Ausbilder stellen sicher, daß die Schutzausrüstung richtig befestigt ist, bevor der Kampf beginnt. Kämpfe werden unterbrochen, wenn entweder einer der beiden Teilnehmer vollkommen verteidigungsunfähig ist, nachdem ein entscheidender Treffer angebracht worden ist, wenn Schutzausrüstung sich löst oder heruntergeschlagen wird oder wenn die Übungswaffe unkorrekt eingesetzt wird. Schüler werden darauf hingewiesen, alle Aktionen sofort zu unterbrechen, wenn der Ausbilder das Kommando dafür gibt (z.B. durch Pfiff mit einer Trillerpfeife).

Regeln für Trainingskämpfe

Die Schüler werden am Anfang normalerweise so in Paaren aufgestellt, daß sie ungefähr die gleiche Körpergröße und Gewicht haben.

Jeder Trainingskampf wird geleitet von einem Ausbilder mit einer Trillerpfeife, der die Funktion eines Schieds- und Punkterichters übernimmt.

Die Ausbilder erinnern die Schüler regelmäßig daran, daß die grundlegenden Angriffstechniken und Kombinationen am wirkungsvollsten sind. Die Ausbilder betonen außerdem fortlaufend die Aggressivität und Entschlossenheit. Sie stellen sicher, daß alle Schüler den Kampfschrei ausführen, während sie an Trainingskämpfen teilnehmen.

Kurze Kämpfe, mit schnellem Tausch und Weitergabe der Ausrüstung an das nächste Kämpferpaar, erhalten die Begeisterung und das Interesse.

Die Übungskämpfe beginnen mit beiden Wettkämpfern in der Kampfstellung und sich etwa 5 m entfernt voneinander gegenüberstehend.

Wettkämpfe gehen solange weiter, bis einer der Wettkämpfer einen „tödlichen" Treffer erzielt hat. Als tödlicher Treffer gilt die feste Ausführung einer Technik zu Kopf, Hals, Unterleib oder Körpermitte mit dem Klingenende der Übungswaffe durch Stich- oder Schnittangriff, und zu Kopf, Unterleib oder Hals mit der Kolbenseite der Übungswaffe durch Kolbenschlag oder -stoß. Falls ein tödlicher Treffer bereits in den ersten Sekunden des Kampfes erzielt wurde, mag der Kampf zum Zweck des Trainings über einen vorbestimmten Zeitraum weiter fortgesetzt werden. Der Gewinner wird derjenige sein, der in der festgelegten Zeit die meisten tödlichen Treffer erzielt hat. Zeitbeschränkungen können vom Ausbilder festgelegt werden, unter Anbetracht der körperlichen Kondition der Schüler und der zur Verfügung stehenden Ausbildungszeit.

Es erfolgt keine Wertung, wenn ein Schüler eine oder beide Hände von der Waffe nimmt, um sie gegen seinen Gegner zu werfen, zu schleudern oder zu schwingen.

Ein Ausscheidungsturnier Jeder-gegen-Jeden im K.o.-System ist sehr zweckmäßig, um alle Schüler an Übungskämpfen teilnehmen zu lassen, und um die Wichtigkeit der aggressiven Aktion für den Sieg zu betonen. Auch ermöglicht dies, Schüler mit unterschiedlichen Körpergrößen, Gewichten und Körperbau sowie verschiedenen Kampffähigkeiten gegeneinander kämpfen zu lassen, was einem echten Kampf auf dem Gefechtsfeld am ehesten entspricht, in dem es auch keine Gewichts- oder Leistungsklassen gibt. Den Gewinnern eines jeden Kampfes wird es nach einer kurzen Pause erlaubt, erneut zu kämpfen, solange, bis sie besiegt sind. Dies läßt einen einzigen Sieger am Ende übrig, der eine entsprechende persönliche Annerkennung erringt.

Vorführung und Ausführung

Alle Bewegungen, Techniken und Kombinationen werden vom Chefausbilder mit der Trainingswaffe vorgeführt. Dem Schüler wird dann Gelegenheit gegeben, mit der Übungswaffe erst in Zeitlupe und dann mit normaler Geschwindigkeit alle Techniken auszuführen. Nachdem die Schüler ausreichendes Können in allen Techniken erworben haben, wird ihnen Gelegenheit gegeben, das Erlernte an einem festen Ziel zu üben. Ein künstliches, unbewegliches Ziel, das Widerstand bietet, entwickelt Timing und Koordination weiter. Schwere Sandsäcke, aber auch Handpratzen oder Trittpolster und ähnliche im Boxen und Vollkontakttraining verwendete Geräte, können hierbei wirkungsvoll eingesetzt werden, um die Bajonettkämpfer zu trainieren. Nachdem der Schüler die Übungsziele angegriffen hat, was ihm ein Gefühl für das Angreifen eines festen Ziels mit der gepolsterten Trainingswaffe vermittelt, sowie dem Üben der Angriffstechniken, ist er anschließend bereit für Übungskämpfe mit anderen Schülern.

Herstellung der gepolsterten Trainingswaffen

Die Trainingswaffe sollte ungefähr die gleiche Länge und das gleiche Gewicht haben wie das eingesetzte Dienstgewehr mit aufgepflanztem Bajonett. Dies ermöglicht es dem Bajonettkämpfer, mit einer Übungswaffe zu trainieren, die so genau wie möglich der Waffe entspricht, die er in einer wirklichen Kampfsituation einsetzen wird. Für den Bau einer gepolsterten Trainingswaffe für Übungskämpfe mit Vollkontakt wird pro Waffe folgendes Material benötigt:

1. Ein runder oder mehreckiger Holzstock aus Eiche, Esche, Ahorn oder Hickory mit etwa 4,5 cm Durchmesser und etwa 100 cm bis 110 cm Länge, je nach Länge der verwendeten Dienstwaffe (um Stöcke, die zu leicht sind, schwerer zu machen, können beispielsweise Stücke von alten Autoschläuchen um die Stockmitte unter der Schaumgummipolsterung herumgewickelt und aufgeklebt werden)

2. Zwei Segeltuchsäcke von etwa 35 cm Länge und etwa 15 cm Durchmesser

3. Zwei Schaumstoffteile, etwa 12,5 cm breit, 1,5 cm dick und 150 cm lang

Holzstock für Trainingswaffe, mit Einkerbungen zum Befestigen der Segeltuchsäcke sowie den Ausfräsungen für die Handgriffe

4. Zwei Schaumstoffteile, etwa 30 cm breit, 1,5 cm dick und etwa 365 cm lang, um beide Stockenden zu umwickeln und abzupolstern (oder ausreichend zerschnittenen Schaumstoff verwenden, um damit beide Segeltuchsäcke mit Polstermaterial prall zu füllen)

5. Ein Schaumstoffteil, etwa 30 cm breit, 1,5 cm dick und 150 cm lang

6. Breites Plastikklebeband, Klebstoff für Schaumstoff, Bindedraht, etwa 20 bis 24 Metallkrampen oder kurze Flachkopfnägel

Bauanleitung

1. An jedem Stockende zwei Rillen von 1,25 cm Tiefe in den Stock einkerben, wie auf der Abbildung gezeigt. Den Stock an den beiden Stellen, die für die Handgriffe vorgesehen sind, auf etwa 3 cm Durchmesser verjüngen. Siehe Abbildung oben.

2. Die beiden Schaumstoffteile von Punkt 3 (siehe oben) mit Klebstoff bestreichen und jeweils zu einer festen Rolle so eng wie möglich zusammenrollen und verkleben.

3. Je eine dieser Rollen an jedes der Stockenden direkt auf der Stockspitze ankleben.

4. Die langen Schaumstoffteile von Punkt 4 (siehe oben) mit Klebstoff versehen und so eng wie möglich um den Kern, der aus dem Stockende mit der angeklebten Schaumstoffrolle besteht, wickeln und verkleben. Mit Gummibändern in dieser Position sichern und trocknen lassen (an Stelle der langen Schaumstoffteile können auch zerschnittene oder zerhackte Schaumstoffstücke verwendet werden, mit denen dann die Segeltuchsäcke prall gefüllt werden).

5. Die Segeltuchsäcke über die um die Stockenden herumgewickelten Schaumstoffteile ziehen (bzw. mit dem zerschnittenen Schaumstoff gefüllt aufziehen) und mit Bindedraht über den vorher eingekerbten Rillen im Stock befestigen. Dabei die Drähte fest in den Rillen hineinziehen, um einen festen Sitz des gefüllten Segeltuchsacks am Stock zu erreichen. Der Stock sollte etwa

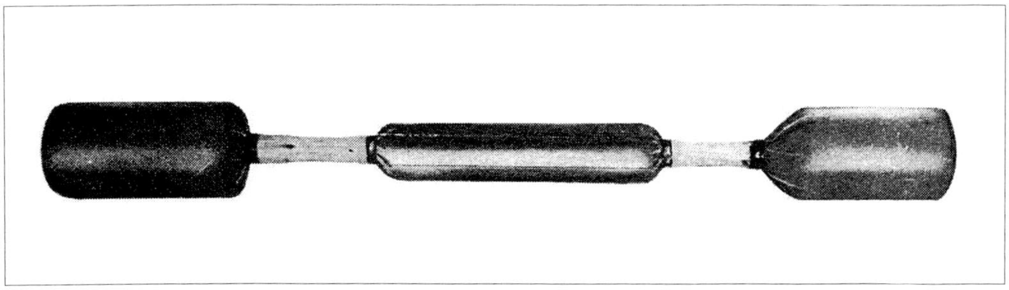

Fertige Trainingswaffe, mit Polsterungen um Stockmitte und an beiden Stockenden

15 cm in den Sack hineinreichen, was etwa 12,5 cm an gepolsterten Überhang an der Stockspitze übrigläßt, die durch die hier aufgeklebte Schaumstoffrolle abgepolstert ist. Die Gesamtlänge der Übungswaffe sollte nun der Länge der Dienstwaffe mit aufgepflanztem Bajonett entsprechen.

6. Die offenen Enden der Segeltuchsäcke werden mit Krampen oder Flachkopfnägeln am Stock direkt außerhalb der Handgriffe sicher befestigt. Eventuell überstehendes Segeltuch wird abgeschnitten.

7. Das Schaumstoffteil von Punkt 5 (siehe Vorseite) so um die Mitte des Stockes wickeln und festkleben, daß nur die 15 cm bis 20 cm der verjüngten Handgriffe am Stock frei bleiben, an denen die Trainingswaffe später festgehalten wird. Eventuell um die Stockmitte geklebte Gummischlauchteile mitumwickeln. Den Schaumstoff vollständig mit Plastikklebeband umwickeln.

8. Zum Abschluß alle Bindedrähte und Krampen bzw. Nägel sowie die Segeltuchsäcke mit breitem Plastikklebeband mehrfach umwickeln und dabei sicher abdecken und abkleben. Siehe Abbildung oben.

WEITERE BÜCHER UND VIDEOS

Erkennst Du Dich in diesem Text wieder?

Bist Du eine Frau, die Angst davor hat, überfallen und vergewaltigt zu werden? Ein Geschäftsmann, der Angst davor hat, ausgeraubt zu werden? Ein Jugendlicher, der in seiner Schule oder Nachbarschaft mit einer Gang Ärger hat? Bist Du tätig in privaten Sicherheitsdiensten, im Strafvollzug, bei Polizei, Bundesgrenzschutz oder Bundeswehr? Trainierst Du eine klassische Kampfkunst und möchtest mehr über realistische, moderne Selbstverteidigung erlernen? Pflegst Du einen etwas „außergewöhnlichen" Lebensstil und begibst Dich regelmäßig in gefährliche Situationen hinein? Oder bist Du einfach jemand, der wissen möchte, wie er seine Familie, seine Freunde und sich selbst in einem Notfall verteidigen kann? Und am wichtigsten von allem: Möchtest Du lernen, wie Du körperliche Auseinandersetzungen von vornherein vermeiden kannst?

Unsere Bücher und Videos befassen sich mit realistischer, praxisbezogener und einfach anwendbarer Selbstverteidigung, Straßenkampf, Konfliktvermeidung, Polizeitaktiken und Personenschutz, nicht mit phantasievollen und komplizierten Kampfkunstformen, Techniken und Strategien ohne Bezug zur Wirklichkeit!

Wir senden Ihnen gerne, selbstverständlich kostenlos und unverbindlich, unseren aktuellen, ständig erweiterten Verkaufsprospekt über unser Gesamtprogramm zu. Außerdem finden Sie weitere Neuigkeiten und Informationen auf unserer Webseite im Internet. Alle von uns verlegten Bücher können Sie außerdem weltweit in jeder guten Buchhandlung oder online im Internet bestellen.

Unser Angebot umfaßt z.Z. Informations- und Lehrmaterial zu folgenden Themen:

- Straßenkampf
- Messerkampf
- Waffenkampf
- Kampftechniken
- Konfliktvermeidung
- Bajonettkampf
- Frauenselbstverteidigung
- Bodenkampf
- Polizeitaktiken
- Personenschutz
- Combatschießen
- Sicherheitsfahrtraining

Dies sind nur einige der Autoren und Ausbilder, die in unseren Büchern erschienen sind bzw. deren Videos wir z.Z. anbieten (Stand: Sommer 2003). Einige von ihnen geben in unregelmäßigen Abständen Lehrgänge und Seminare, auch im deutschsprachigen Raum, zu den aufgeführten und weiteren Themen oder haben eigene Schulen und Trainingszentren im Ausland:

- Marc „Animal" MacYoung (Straßenkampf)
- Peyton Quinn (Türsteher und Rausschmeißer)
- Richard Dobson (Messerkampf)
- Melissa „Dr. Ruthless®" Soalt (Frauenselbstverteidigung)
- Mike „The Amazing Eagle" Haynack (Selbstverteidigung)
- C.J. Carraci (Navy SEAL, Antiterror- und Polizeiausbilder)
- Tony Scotti (Sicherheitsfahrtraining)
- Leon Galvert (Französische Fremdenlegion, Nahkampfausbilder)
- Eugene Sockut (Schießausbilder der israelischen Armee)
- Kelly Worden (Jeet Kune Do)
- Stevan Plinck (Pentjak Silat)
- Alain Burrese (82nd Airborne, Hapkido)
- Mark Yates (Personenschutz)
- Bob Orlando (Indonesische Kampfkünste)
- Dr. Brett Jacques (Sambo)
- Willie „The Bam" Johnson (Straßenkampf)
- Mark Hatmaker (Boxen)
- Jim Grover (Sicherheitsexperte)
- Joe Maffei (Messerkampf)

Bitte wenden Sie sich bei weiteren Fragen zu unserem Angebot, zur Anforderung unseres kostenlosen Verkaufsprospekts oder für Bestellungen an die unten aufgeführte Anschrift bzw. über unsere u.a. Internetseite direkt an uns:

Michael-Kahnert-Verlag
Im Waldfrieden 2
D-21244 Buchholz
Telefon: (+49) 04181/219541
Telefax: (+49) 04181/219542
E-Mail: info@kahnertverlag.de
Internet: http://www.kahnertverlag.de